白泽
▶P158
中国

中国天狗

▶P162

中国

虎男

▶P104

中国

谷精灵

▶P202

中国

食骨怪

▶P210

中国

吐舌头火球

▶P212

中国

戈耳工

▶P226

希腊

沃迪亚诺伊

▶P222

俄罗斯

暴风雨精灵
▶P256
德国

妖精 ▶P312 欧洲

俄罗斯恶魔
►P328
俄罗斯

▶P390

越南的稻子精灵 ▶P392 越南

精灵阿古丽

▶P442

新几内亚岛

罗尔威 ▶P454 澳大利亚

女巫 ▶P244 欧洲

妖怪大全

中国·世界篇

〔日〕水木茂 著　杨建琴 袁秀敏 译

南海出版公司

目 录

妖怪大全 · 中国篇

妖怪大全· 世界篇

妖怪大全——中国篇

狰

中国境内有座章莪山，寸草不生，多怪兽出没。

其中有一种怪兽叫“狰”，其声如击石，五尾一角，状如赤豹。

还有一种鸟名唤“毕方”，全身蓝色，喙为白色，乍看似鹤，却仅有单足。相传此鸟一旦在人前现身，就会引起熊熊大火，也就是常说的鬼火。

狰虽是上古神兽，却并没什么特殊的魔力。

《山海经》的作者不过是把它幻化成奇形怪状的模样，用来唬人罢了。日本国土狭小，妖怪性格敏感细腻；中国地大物博，妖怪的性格也大大咧咧。但它们神秘的源头一致，都来自山间。

我常去南方人迹罕至的深山老林游历，那是最神奇的秘境。置身其中，一种不可思议的舒适感油然而生，也许是因为这里充盈着无数蓬勃的生命源泉吧！这些深山老林或是神秘的无人岛，虽然仅有动物、植物和昆虫繁衍生息，但我打心眼儿里认为，这里正是妖怪真正的栖身之所。而我们人类却不自觉地隔断了这种生命源泉。

狗头鳗

“狗头鳗”有些类似于日本的海怪。

这种鳗鱼硕大无比，一旦窜到船上，会让渔民焦头烂额。

如此庞然大物，一般的渔网根本招架不住，反而会害人失手跌落海中。

出海捕鱼若遇上狗头鳗，千万不可让它靠近船只。因为这身长数米的怪物，会冷不防地卷起身躯，死死缠住船只，令船无法动弹分毫。

倘若弄船技艺不精，就只能眼睁睁地看着船只被强行拖走。这巨鳗便成了人们眼中的妖怪。

江户时代的画作中，时常可见“怪鳗”的身影，人们把这种体形巨大的鳗鱼视作“水妖”。它会神不知鬼不觉地缠住海上航行的船只，在船身上留下黏稠的体液。人们发觉船帮上出现大量的黏液，就知道怪物来过了。

井上圆了先生认为，大约有百分之七十的日本妖怪源自中国。我也同意这个观点。

此外，中国的各类咒术、迷信等更是不胜枚举，当之无愧是日本的老大哥。

小时候，老人们常说，晚上不能吹口哨，否则会引来妖怪。

这种说法很像中国的一种秘术。中国有种奇妙的口哨叫“啸”，据说能够召唤鬼怪，这种秘术一直流传到清朝（学者并没有具体考证）。

水鬼

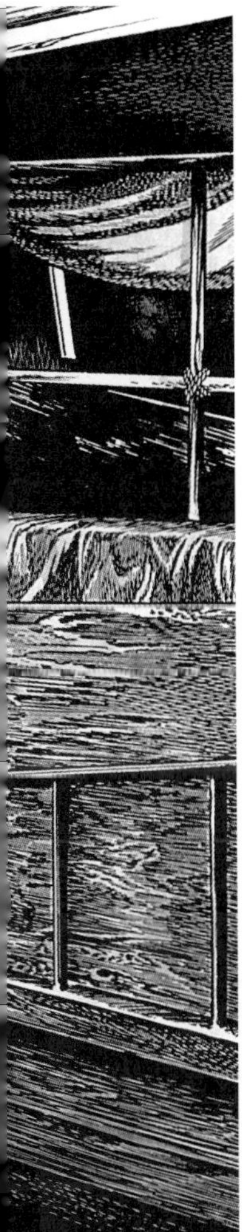

“水鬼”的故事在中国各地广为流传，鬼怪的名字叫法各异，有些地方叫“落水鬼”，有些地方叫“浸水鬼”。总之它和日本的河童一样，都是水里的妖怪。

在江苏武进，人们说溺死的人会变成落水鬼。据说有人亲眼见过，说它形似水獭，长着绿幽幽的眼珠子。当地还传说落水鬼曾在渔船上出现过。

当时，一位女子在渔船上炒蚕豆。香气引来了落水鬼，它伸出毛茸茸的手，讨要蚕豆。女子明知这是落水鬼，却不动声色，把蚕豆放到它手中。哪知蚕豆太烫，落水鬼疼得吱哇乱叫，只好狼狈把手抽回。原来，水鬼这类妖怪似乎怕烫也怕火。福建泉州也出现过类似传说。

有个叫百源村的地方，常有人溺死在池塘里，据说是因为池中的水鬼想要寻找替身。村里有位书生名叫季九我，在池塘边建了一间书屋。他古道热肠，屡屡搭救溺水之人，于是就成了水鬼们的眼中钉。女水鬼尤其咽不下这口气，一看见季书生读书，就故意来到窗前大吵大嚷：“给我火！给我火！”整日纠缠不休。

一次，季书生正在潜心攻读，女水鬼又来要火。于是，季书生取出红笔，在它的手掌心写下一个“火”字，刹那间，字居然变成真火燃烧起来，女水鬼痛得大叫一声，把手缩了回去，苦苦哀求，季书生这才放它一马，拿纸把字擦去。

女水鬼钻回水中，仍觉疼痛难忍，再次去求季书生。受他指点，来到村里某座相公爷的神像前虔心祈祷。听说后来这位相公爷成了当地最灵验的大神。

鳖怪

有位姓宋的男子，家住河北清河，其妻名叫士宗。一年夏天，士宗突然提出要单独洗澡，把全家人赶出浴室，独自待在里面。

家人觉得不对劲，便从墙上的小洞往里瞧，发现里面连个人影都没有，浴桶里却出现了一只大鳖。

家人不知发生了什么，连忙闯进浴室，里面依然没有士宗的踪影，只有浴桶里的大鳖。那大鳖无视众人，泰然自若，它头上插着一支银簪，正是士宗入浴前所戴。事已至此，宋某和孩子们放声大哭，但也无济于事。

过了不久，大鳖似乎按捺不住，想要出去，家人决定先将它看管起来，观察一阵子再说。

不料，几天后，大鳖利用看守松懈的空当，偷偷爬了出去。家人赶忙去追，哪知它逃得更快，家人紧追不舍，却始终抓不到，只好眼睁睁地看着它跳进了附近的河里。

又过数日，大鳖突然返回宋家，像人一样在家中走来走去。没过多久，又悄无声息地离家出走了。

邻居纷纷劝说宋某，让他举办葬礼，为士宗服丧，宋某却坚决不从。在他心里，妻子根本没有死，只是换了一副模样，继续生活在世间而已。

据说这则故事发生在曹魏黄初年间（220—226）。

火星

吴国建国之初，曾强行押解边界守备将士的妻儿到京城做人质。这些做人质的小孩经常十几个人聚在一起嬉戏玩耍。他们在永安三年（260年）二月遇上了这样一件事。

那天，孩子们正如往常一样玩耍，突然来了一个陌生的小童，六七岁上下，身高四尺有余，穿着一件绿衣裳。孩子们很好奇，七嘴八舌地问："我们怎么没见过你呢？""你是谁家的孩子？"

小童回答："我看你们玩得很开心，就过来啦！"

孩子们仔细一打量，发现那小童眼露精光，锐利如电，仿佛眼神能杀人。顿时很害怕，再次盘问小童：

"你是从哪里来的？"

"你们怕我吗？我的确不是人类，而是火星。我来是想告诉你们一件事：三国终归司马氏。"

听了这话，孩子们更加心惊胆寒，有个孩子急匆匆地跑出去搬救兵。大人一到，那小童便说：

"诸位，告辞！"

说完，他卷曲身子跃向空中。大家仰头望去，只见他转瞬便化身成一条白绸，拖着长尾，轻轻往上飘，缓缓朝天空深处飞去，不一会儿就消失在视线之外了。

四年后，蜀国灭亡。六年后，魏国易主。二十一年后，东吴投降。那名自称"火星"的小童果然所言非虚——蜀魏吴三国尽归司马氏。

神画

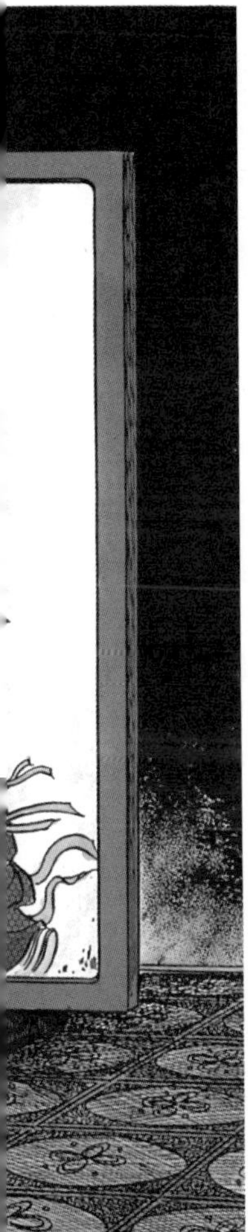

唐朝有位进士名叫兆颜，有一次到一位陈姓画师家中做客，看见一架布艺屏风，上面画着一名女子，美貌无双，恍若天女下凡。兆颜一见倾心，爱慕不已，半开玩笑地对画师说想娶这女子为妻。没想到画师居然爽快地答应了，还郑重其事地告诉兆颜：“此女名叫真真，如果日夜呼唤她的名字，百天之后，真真就能开口说话。再把百家采灰酒洒到画上，真真就能复活，从画中走出来。”兆颜虽然有些将信将疑，还是把画带回了家，按画师的吩咐做了。到了第一百天，兆颜喊了一声：“真真！”画中的女子竟然轻启朱唇，回了一声：“我在。”兆颜一惊，赶紧泼酒，女子果真款款走下画来，向兆颜行礼：“多谢您一直呼唤我的名字，无以为报，请娶我为妻！”就这样，两人喜结连理，生下孩子，过上了美满幸福的日子。

可惜好景不长，孩子两岁时，兆颜的一个朋友嫉妒他家庭和美，存心挑拨：“画里走出来的女人是妖魔鬼怪，随时都会招来灾祸。用神剑刺她，才能幸免于难。别担心，她本是一幅画像，即使被刺中也不会流血的。”

兆颜耳根子软，听信谗言，借了神剑回家。当晚便举剑相向，妻子痛哭道：“我本是南岳仙女，陈画师画下我的容貌，被你呼唤名字，才从画中走出来。夫妻本为一体，你却无端猜忌。我们的缘分尽了，我这就带孩子走。”

话音刚落，她就转头走入屏风，大口把酒吐净，变回一幅牵着孩子的妇人画像，从此以后，再也没有出声答话。

妖碗

中国有座超果寺，位于松郡西郊，附近的水洞口住着一对杨姓夫妇。

杨夫人因蛇妖附体，体弱多病，四处求医问药，却毫无起色。无奈之下，丈夫只好请道士作法驱邪。

道士踩着北斗方位（指遵循道教的仪式，按照北斗七星的方位行走）喷水，正欲施展法术。

不料预备作法的碗，突然纷纷飞向空中，径直朝道士袭去，划伤了道士的脸。

法术宣告失败，道士非但没能为杨夫人驱邪，自己反倒惹来了血光之灾。

后来，被蛇附身的杨夫人病情每况愈下，丈夫怕受连累，竟然铁下心抛下妻子离家出走了。

日本也流传着许多被蛇附身的传说。

《中国咒术》一书指出：蛇、狐、龟、猴等生灵幻化的妖精最擅长附身作祟。此外，鱼、鸟、树木所化的妖精有时也会这样做。它们被统称为“精怪”。

道行高深的道士一眼便能识破精怪附体，施行法术驱邪除魔。但是，遇到法力高强的精怪，道士也会败下阵来。

总之，这些恐怖的精怪搅乱了古代中国老百姓的生活。虽然令人害怕，却也颇为有趣。（也许只有我觉得有趣吧……）

中国的百鬼

日本的“百鬼夜行”，指的是妖怪夜间游行的队伍。据说古代有人亲眼目睹过此情此景。

中国与百鬼夜行最类似的是农历七月十五的鬼节，形形色色的鬼（中国的鬼也包括妖怪）纷至沓来、重返人间，那气势绝不输于日本的百鬼。

走在最前面的是“地方鬼”，也就是土地爷，它身穿白衣，体格高大。

接着走过来的是“黑面鬼”，黑面獠牙，伸着长舌。

“大头鬼”的头比牛还大，留着一撮小胡子。

后面跟着的还有“五猖鬼”“偷饭鬼”“摸壁鬼”等等，鬼怪齐聚，魑魅魍魉的队伍堪称奇观。

日本的百鬼夜行虽然骇人，但跟历史更为久远的中国百鬼比起来，只能算是小巫见大巫。

中国道士是降妖伏魔的专家，连他们的法力都很难阻止百鬼游行。所以普通人若遇到百鬼夜行，千万不可正面冲突，隐身匿形才是上策。

不过，如有需要，道士首当其冲，就得肩负起驱除恶鬼的重任。

驱邪除魔的方法是这样的：道士手持法剑，口念咒语，借助瓮中之水的神力，识破妖怪真身，再将符令放置在瓮水之上，百邪百鬼无所遁形，只好逃之夭夭。

由此可见，要降伏祸害人间的妖魔鬼怪，关键在于识破它们的真身。

僵尸

电影《僵尸先生》中，“还魂尸”浑身僵直，向前伸平双臂蹦来蹦去的形象在日本也广为人知。不过，还魂尸的原名是“僵尸”，意为“倒地的尸体”。

僵尸虽是死尸，身上却无一处腐烂，全身鼓胀，生着长毛。无论死者生前体力如何，一旦变为僵尸，个个力大无穷、堪比大熊。而且生性残忍，嗜杀饮血，抢人、杀人、噬人，恐怖无比。

人与僵尸对战，简直是以卵击石、不堪一击。不过，僵尸也有弱点，那就是行动不灵活，只要躲到树上或爬上梯子，僵尸就追不上来。

但即便如此，僵尸在人间神出鬼没，仍然不可掉以轻心。

僵尸的状态维持一段时间后，它们又会获得一种神通，那就是空中飞行的能力。此时，徒手打倒僵尸几乎是天方夜谭。

只有借助其他力量，比如用火焚烧尸体或用雷电暴击、枪支扫射，才能勉强逃过一劫。

电影中的还魂尸还有些可爱之处。而真正的僵尸完全是人类的天敌，一点也不可爱。

要制服僵尸，只能请教经受过道教神秘修行的“道士”。

只有历史悠久的中国，才具备各式各样对抗鬼怪的专门行当，在这一点上，日本是望尘莫及的。中国既有易经这种预测命理的玄学，又有相看地理解决异象的风水先生，真是无奇不有。

疟疾鬼

“疟”就是疟疾。自古以来，日本人认为疟疾鬼是引起疟疾的疫神。中国人也同样相信疟疾鬼会带来可怕的传染病。

从前有位男子叫陈齐东，他年轻时曾发生过这样一个故事。太平府有座关帝庙，一天，陈齐东和一位张姓男子到此暂住。

中午，陈齐东和张某相对而坐，打起盹来。陈齐东忽然惊醒，发现门外有个陌生的孩子正盯着他们。那孩子脸色苍白，帽子、衣服、鞋子全是深蓝色。陈齐东起先以为他是庙中童子，也没在意。不料此时，张某在熟睡中突然发病；更奇怪的是，那孩子一走，张某就康复如初了。

数月后，陈齐东被张某的叫声吵醒，只见张某不停呕吐，痰沫乱飞。他感到门外有人，往外一瞧，果然又是上次那个孩子，正在门口手舞足蹈，得意扬扬。

“嘿！打你个疟疾鬼！”陈齐东冲过去揍人，手指一碰到孩子的皮肤，顿觉浑身冰冷。他越发确信那孩子就是疟疾鬼，见孩子要逃，立即奋起直追。不料孩子跑到院子里，骤然不见了踪影。

事后不久，张某就痊愈了。而陈齐东碰触疟疾鬼的那只手却留下一道黑色印记，仿佛被烟烫过，数日之后才逐渐褪去。

鬼女

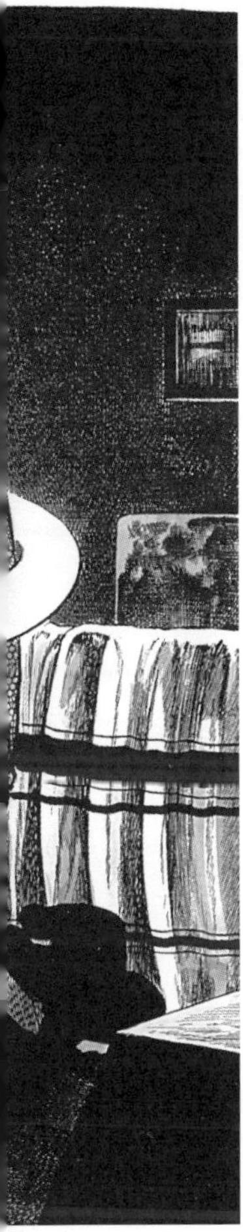

唐朝的大街都是林荫道。有个叫王申的人住在望苑驿，他在街道两旁种上榆树，搭了几间茅屋，夏天给南来北往的行人提供茶水。负责招待客人的，是他十三岁的儿子。

有一天，儿子带回一名女子，正值妙龄。她自称丈夫亡故，也没留下一儿半女，只好投靠亲友，另谋生路。因路途遥远，焦渴难耐，就来讨杯水喝。女子身穿碧衣，头戴白巾，娇俏可人，不禁令人心生怜爱。王申动了恻隐之心，便留她住下，女子喜笑颜开。

王妻也不见外，带女子到里间，亲热地叫她妹子，还请她裁衣制服。没想到不出半月，女子就把衣服缝制好了，手艺巧夺天工，世上罕见。

干申和妻子对女子的神乎奇技大感意外。王妻尤其喜欢女子，央求她留下，嫁与儿子为妻，女子欣然答应了。

当天便举行了婚礼。然而，新婚当晚，王申之妻竟梦到儿子蓬头散发，仓皇哭求：“救我！我要被吃掉了！”她心悸不已，想去看个究竟，却被王申阻止。重新睡下后，王妻又做了同样的梦。

王申夫妻到底不放心，手持蜡烛来到新人房前，询问是否安好。不料，叫了半天门也没人答话，房里一片死寂。王申顿觉蹊跷，赶忙推门，岂料房门纹丝不动。情急之下，只好用身体撞门，最终破门而入。

刚进门，一个眼如铜铃、尖牙森森的蓝色鬼怪就朝他猛撞过来，径直夺门而去。王申夫妇仔细查看，房里早已不见儿子踪影，只剩一堆白骨和头发。

产鬼

中国认为难产死去的妇人会变成“产鬼”。产鬼会附在产妇身上，阻碍分娩，置人于死地。

产鬼看起来与常人无异，唯一的区别是脖子上多一道红线，名叫“血饵”。产鬼顺着这条血饵进入产妇腹中，将血饵绑在胎儿的胞衣上，使胎儿无法出生。

产鬼还会用力拉扯血饵，无论多强健的妇女，都会痛彻心髓，三抽五抽下来，必然命丧黄泉。

有个名叫毕西的乡民，就曾偶遇产鬼。

毕西在妻子即将临盆的月夜匆忙往家赶，途中遇到一名女子。三更半夜，女子居然孤身一人赶路，毕西觉得蹊跷。他出声询问，女子竟说要去毕家。

看到女子咽喉处有条红线，毕西警觉果然遇上了产鬼（产鬼夺命的方法如前所述），当下灵机一动，巧妙地盘问那女子：“请问该如何制伏产鬼呢？”

“产鬼最怕雨伞，只需将雨伞置于门后，它就进不了宅屋。不过产鬼还有法子：爬上屋顶，可以透过瓦缝垂下血饵，再顺着血饵进入孕妇口中。这时候在产室里撑开雨伞，使血饵不能下垂，产鬼就一点办法也没有了。”

毕西听完，立即狂奔到家。此时，妻子已经难产。情势危急，他赶紧在产室撑开一伞。不久，婴儿呱呱坠地，如珠如玉，十分可爱。

产鬼来迟一步，得知受骗愤恨不已，咒骂一通，才失望离去。

鬼市

“鬼市”又称幽灵集市。中国人习惯烧纸质的衣物和钱财送往冥界，供先人享用。传说冥界的流通货币是纸钱，亡灵们用纸钱买东西的集市就是鬼市。

汪太守有一男仆名叫季五，听从主人吩咐，从白河赶往北京办差。白天太热，他决定傍晚出发，趁凉赶路，拂晓抵达京城。

虽然已是三更半夜，沿途的街道却依然人声鼎沸、生意红火。店铺里的馒头、面条热气腾腾，香味扑鼻。季五肚子饿了，在一家吃了一碗面，结完账继续上路。走着走着，天光渐亮，京城近在眼前，马上就要到达目的地了。

然而，季五回想起昨晚的情形，觉得有些蹊跷。从通州到北京大约有四十里路，这偏僻的路上，本该只有一两户农家，怎么会突然出现热闹非凡的繁华大街呢？他越想越奇怪，突然一阵恶心，忍不住张口吐出一团活物，在地上不停地蠕动。仔细一看，居然是一只蟾蜍和一团缠在一起的蚯蚓。

那之后，季五的身体没再出现异状，日子过得也还算平顺，没遇到什么灾难。岂料数年之后，季五竟暴毙身亡。

据说，荒无人烟的乱葬岗，或幽灵鬼魂经常出没的地方往往会出现鬼市。

我去中国台湾，发现有卖纸钱的，就买了些回来。各种面值的纸钱配成一套，还有一个用来烧纸的小锅炉。这让我切切实实地感受到：原来纸钱还活跃在人间呢！

荞麦田里的鬼

山东长山有一位姓安的老人。

一年秋天，荞麦熟了，安翁收割之后，把麦子堆在田垄边。那时总有人糟蹋麦田，安翁便打发佃农用板车把麦子运到麦场去。麦田里只留下安翁一人，他看守了一会儿，便躺下打起瞌睡来。

忽然，安翁被一阵声响吵醒，吃惊地抬头看去，一个身高一丈有余的巨型厉鬼出现在他面前，满头红发，胡须蓬乱。安翁吓得一骨碌爬起来，来不及多想，抽出利刃朝鬼猛力刺去。鬼发出雷鸣般的号叫，转头逃了。安翁怕鬼再回来报复，赶紧往家跑去。半路上遇见搬运荞麦的佃农，告知此事，佃农们半信半疑，并没有把他的话当回事。

第二天，人们正在麦场上晒麦子，忽听空中隆隆作响，安翁大叫：“妖怪来啦！”随后拔腿就跑。躲过这一劫，安翁又让佃农们备足弓箭，防备妖怪再来。第二天，鬼果然又来了。众人一齐放箭，将鬼吓跑。之后的两三天都平安无事。

又过几天，荞麦脱粒入仓，堆得高高的。安翁亲自爬上麦子堆，用脚将麦子踩实。麦垛堆至数尺高时，安翁抬头远眺，不禁大喊：“妖怪又来啦！”

佃农们急忙去取弓箭，但为时已晚，鬼已一阵风似的扑倒安翁，在他的额头上咬了一口，就逃走了。

佃农们爬上麦垛一看，安翁的额头被咬去了巴掌大的一块骨肉，已经昏死过去，不久便一命呜呼。

从此，那鬼再没有出现过。

食灵怪

这是一种出现在葬礼上的、披头散发的妖怪。

听说它会吞噬死者的灵魂。但是，只要和尚挡在前方，它就不敢下手。

所以，举办葬礼的人家最好尽早请和尚来护灵。因为这类妖怪善于隐身，混在人群之中，常人仅能觉察到它的气息，却无法认出它的原形。

日本一些地方保留着类似的习俗，会在死者的棉被上放一把短剑，据说如果不遵从风俗，死者的灵魂就会被猫吞噬。

中国还有一种妖鸟叫“鬼车”，也能吸食人的精气。

鬼车因有九头，也被称为“九头鸟”。鬼车会吸干活人或死人的精气或灵魂。

相传这鸟本有十头，一头被狗咬去，至今伤口还在流血，永远无法愈合。

据说它的血有招来灾祸的不祥之力，不幸被血溅到，家里就会发生祸事。鬼车虽然可怕，毕竟曾经被狗所伤，对狗格外忌惮。若撞上鬼车显形，只要牵条狗来，就可以幸免于难。

日本有名叫“火车”的妖怪，跟中国的鬼车相似，或许它们本是亲族同类。

至少可以断定，它们都源自中国。

冥界之鬼

相传元和（806—820）初年发生过这样一个故事。

上都长安有个地痞流氓，名叫李和子。他生性残忍，喜欢虐杀猫狗，然后炖了吃。城里的人都把他当祸害，敬而远之。

一天，李和子臂上架着鹞鹰，站在路口找乐子。两个紫衣人迎面走来，开口问他："你可叫李和子？"

李和子点头称是。两人说有事相告，带着李和子来到一处僻静之地，告之原委："我们是冥界差役。接到冥司公文，要请你走一趟！"

起初，李和子不信，紫衣人掏出一张盖有印信的公家文牒，那是状告李和子的起诉书，清清楚楚地记载着被他残杀的四百六十只猫狗的冤情。李和子大惊失色，慌忙抛飞鹞鹰，拜求饶命："小人罪该万死。但请容我片刻，多少招待二位几杯酒。"

两鬼盛情难却，为了报答这顿酒的恩惠，主动通融："只要烧四十万纸钱给我们，就能为你借三年阳寿。"

李和子当即答应下来。当掉衣服，凑够四十万钱。依照约定，在第二天午时撒酒焚烧纸钱。果然，火光中隐约出现两个鬼影，将钱收走了。

三天后，李和子死了。原来，鬼说的是冥界的三年，相当于人间的三天。

土地神

天宝五载（746 年）的冬天，有个叫杨溥的男子，带领几名同伴去江西豫章郡的深山老林砍伐木材。这一带出产上好木材，采伐后运到广陵郡转卖，可以赚得大钱。

那时已是傍晚，又赶上天降大雪，一行人决定投宿歇脚。可是，深山里哪有人家可以投宿？忽然看见一棵倒下的大树，树干中间是空的，大伙儿决定挤在里面睡觉。只有向导没有立即入睡，他又面朝山林拜了拜，口中念念有词："土地神啊土地神，今夜我等寄宿于此，希望您能保佑我们平安无事！"如此祈愿三次，才躺下睡觉。

到了深夜，雪越下越紧。向导突然醒来，听见南面树下有人呼唤："张礼！"

树上有人答应："哎！"

"今天晚上，北村有户人家娶媳妇，美酒佳肴多得很，咱们一起去吃吧！"

树上的人说："不行的，今天有客人在此，我必须守护他们到天明。我走了，黑狗子说不定会伤害他们。"

"这大雪天的，又是半夜，不如一起去吃喝一顿！"

树上的人还是拒绝了。"不行呀！既然接受了人家的祈愿，就要信守承诺。必须保护他们不被黑狗子所害！"

天亮之后，一行人收拾行李准备出发。掀开铺在树洞里的防寒毡子，发现下面赫然躺着一条大黑蛇。蛇头粗大如瓶，身长三尺有余，却盘缩着一动不动。

众人有幸毫发无伤，多亏这诚信之神的庇护。

福神

江西临川郡人陈臣，家财万贯，日子过得优雅从容。

他家有一片筋竹林，这是产于中国南方的一种竹子，高可达六米。一天中午，陈臣坐在书斋里，望着院子里的竹林发呆。

突然，从一根竹子里跳出来一名男子，身高一丈左右，径直朝陈臣走来。男子面目狰狞，那模样很像专门逐疫驱鬼的神灵方相。男子走到陈臣面前，突然张口说话。

“我在府中好多年了，你却浑然不知。今天我要走了，特来向你辞行。”

陈臣当场愣住，有点丈二和尚摸不着头脑。男子就在这时消失得无影无踪。

这件事发生之后，不出一个月的时间里，陈家发生了许多事情。先是家里突发大火，接着男仆无疾暴死。人们还没醒过闷儿来，又有一女婢紧跟着身亡，也是暴死。

接二连三的不幸使陈家逐渐衰落，一年后，便家财散尽，一贫如洗，昔日的繁华恍若黄粱一梦。

原来那长相骇人的男子其实是一位福神。

也就是说，陈家的福神出逃后，陈家无人守护，才落得家破人亡的境地。日本的“座敷童子”“仓童子”等等也是守护家宅的福神，却没有这种像竹取公主一般从竹子里现身的福神。

现身长安的妖怪

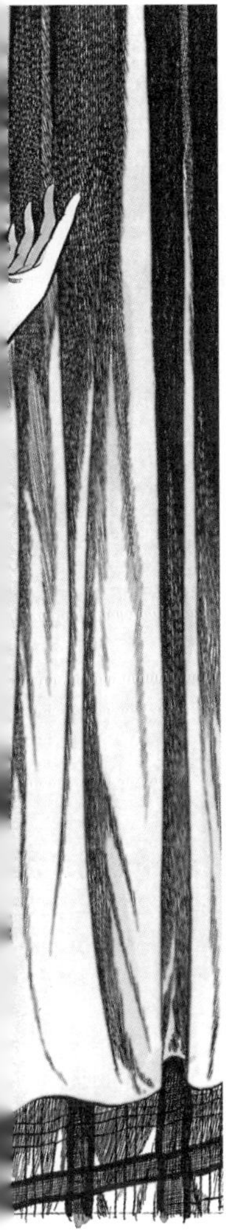

大历（766—779）年间，一位读书人在长安过世，妻子柳氏与十一二岁的儿子搬到乡下的农场去住。

一个夏日的夜晚，儿子突然吓得睡意全无，原来三更过后，他看见一个老头，身穿白衣，口露一对獠牙。儿子在暗中观察了一阵子，只见老头走到床头，猛地掐住正在熟睡的女婢的脖子，大口撕咬，不一会儿就啃到露了骨头。接着又把女婢举起来，嚼食她的内脏。老头的嘴巴奇大无比，儿子大骇，高声尖叫。接着老头的身影就消失了，只剩下女婢的一堆白骨。

之后数月，日子还算太平。

读书人忌日那天傍晚，柳氏坐在门外纳凉。突然有胡蜂飞来，在她头上嗡嗡直响，柳氏抡起扇子，将胡蜂拍落在地。不料那胡蜂一沾地竟变成了胡桃。柳氏捡起胡桃，放在手心把玩。哪知胡桃越变越大，起先有拳头大小，接着长到碗那么大，最后大如磨盘。随即听到碎裂的声响，胡桃裂成两半在空中飞速旋转，发出蜂鸣般的声音。

裂成两半的胡桃猛然夹住柳氏的脑袋，硬生生把她的头碾成了粉末，然后骤然消失得无影无踪。人们始终没能得知究竟是何方妖怪作祟。

这种能把女人吃到只剩骨头的妖怪，实在是太恐怖了。

食鞋妖怪

古时有位男子名叫王无有，妻子生得貌美，但天性好妒。

一次，王无有卧病在床，本想让婢女扶他去茅房。因担心妻子吃醋，只好自己一个人去。走进茅房，里面赫然蹲着一个又黑又壮的男人。起初王无有以为是个下人，并没太在意。突然，那男人转过身来，伸出一双鸟爪般锐利的手，说：“把鞋子给我！”男子双眼凹陷、尖鼻高耸、嘴巴大如虎口，样貌异于常人。王无有吓得说不出话，亦动弹不得。那妖怪却一把抢过他的一只鞋子，放到嘴里大口大口地吃起来。更不可思议的是，鞋子竟仿佛有生命似的流出血来。妖怪三下五除二就把鞋子吃进肚子里去了。

王无有逃回房间，将所见所闻告诉妻子，妻子不信，亲自扶着王无有又上了一次茅房。妖怪果然还在，夺过王无有的另一只鞋，大嚼特嚼，嘴角还挂满了鞋里淌出来的鲜血。王妻惊恐万分，赶紧架着丈夫跑回房间。

数月之后，王无有的病情渐有好转。那妖怪又一次现身，对他说：“我是来还你鞋子的。”说完，便将王无有的鞋子扔到他脚边。那双鞋竟然毫发无伤。

王无有越想越害怕，决定请巫婆来家里作法消灾。妖怪又来了，还对巫婆说：“王无有只剩一百天的阳寿了，若不赶快回老家，就要客死他乡啦！”

王无有即刻返乡，百日之后果然还是一命呜呼。

自称为神的妖怪

如今的江苏省还被古人称作沛国的时候，曾发生过这样一个故事。

话说沛国的君主文谋与妻子曾在阳城山中隐居。有一天，文谋正在饭桌前吃午饭，突然听见天上传来神明的声音："我是天帝使者，想来凡间投奔于你，不知可否？"

文谋被这突如其来的声音吓得一时语塞。

那声音又响起："你是怀疑我吗？"

文谋连忙跪下，毕恭毕敬地回答："只怕寒舍简陋，无法合您的心意。"

可神仙还是住进了文谋家中。文谋打扫干净屋子，又设立了神仙的牌位，每日进献早晚饭食，诚心诚意地侍奉这位神仙。但是文谋回到房中，却与妻子偷偷议论。

"那真是神仙吗？莫不是妖怪吧！"

文谋说："我也觉得不大对劲。"

文谋再去送饭的时候，那神仙说："我来你这里，本想造福贵府，没想到你居然敢怀疑我，还在背后说三道四！"

文谋既惊又愧，匍匐在地，不断道歉。忽听得屋顶上传来一阵声响，仿佛有数十人在大声呼喊。文谋追出去一看，只见一五色鸟在数十只白鸽的簇拥下向东北方向飞去，钻入云端，消失不见了。

也许这真的是一位神仙。看来如果一味疑神疑鬼，神仙也会气跑的。

恶魔虫

王方平在山西太原是个远近闻名的大孝子。

有一次，他父亲身染恶疾，将不久于人世。王方平几乎衣不解带，给父亲喂药喂食，任劳任怨地悉心伺候一个多月，却不见父亲的病情好转。

一日，因为日夜操劳，王方平实在又累又困，竟趴在父亲床边睡着了。在梦里，他见到两只妖怪正讨论怎样钻进父亲的肚子里去。

“你打算怎么进去？”一只妖怪问。

“趁他喝粥的时候，随着粥进去。”另一只怪物回答。

听到这里，王方平突然从梦中惊醒，打算好好收拾这两个家伙。

他先在碗底穿了个孔，把粥盛入碗中，迅速用手指堵住碗孔，在碗底接上一个小瓶子。当父亲张口喝粥的那一刹那，方平忽然松开按紧的手指，粥从碗底漏出，悉数流进下面的瓶子里。

方平眼疾手快，马上封住瓶口，将瓶子投进煮着一锅开水的锅里，盖上锅盖。熬煮一段时间后打开锅盖，只见瓶子里结结实实地塞着一团肉。

他父亲的病从此一天比一天好了起来。

这两只妖怪，应该是疫神一类的吧！

落头

三国时期，吴国将军朱桓府上有一名婢女，身怀异能。

每天晚上，婢女一睡着，头就会脱离身体飞走，以双耳为翼，穿过猫洞、狗洞，或是天窗，自由出没人间。天亮之前，头又会安然无恙地回到身上。

相传秦朝时，南方有个名叫“落头民”的部落，这个部落的族人有项特殊本领，他们的头可以单独脱离身体飞行，外出觅食，天亮飞回。不知这名婢女是不是来自落头民部落，总之，在旁人眼里，没有比看到人头在黑夜里飞来飞去更可怕的了。

一天晚上，睡在婢女身旁的人半夜起来，点亮烛火，发现棉被里的婢女果然只剩身体没了头。用手一摸，躯体微微发凉，却还有余温。于是，好心将棉被拉上，无意中将婢女脖子的缺口盖住了。

第二天清晨，婢女的头飞回来了。但身体被棉被盖得严严实实，头和脖子无法合为一体。头颅焦急地围着身体打转，一会儿靠近，一会儿离开，反复两三次后，实在撑不住，重重掉落在地上，伤心地叹气，然后逐渐呼吸紊乱，奄奄一息。

身旁的人赶紧拉开棉被，那头颅再度飞起，不偏不倚地落在脖子上。没多久就发出香甜而深长的鼾声。

朱桓将军听闻此事，认为婢女是不祥的异类，不宜继续留在府中，便把她打发走了。

落头和日本的辘轳首稍有不同。辘轳首的脖子会陡然伸长，却不会完全脱离身体。

不管是落头，还是辘轳首，应该都来自另一个世界吧！

树妖

南京郊外有间无人居住的老宅，人称鬼屋。

屋子废弃已久，屋内空无一物，实在卖不出好价钱，后来被一位姓蔡的男子买了下来。

蔡某请来工匠，修缮破旧不堪的老宅。不料，当天夜里就发生一件怪事，土墙的窗户上竟蓦地伸进一只巨大的黑手。

蔡某吓得魂不附体，把事情告诉了弟弟。弟弟勇猛果敢、浑身是胆，说要亲自将这妖怪降服。他请来一帮孔武有力的朋友，在院子里大摆宴席，喝酒吃肉，等待妖怪现身。

夜深了，到了妖物上门捣乱的时辰，大伙儿摩拳擦掌，准备大干一场。

果然，那只巨大的黑手嗖地一下穿过窗户，伸了进来。

大家面不改色，蔡某之弟先夹起一片肉，放进大手里。妖怪接过肉片，旋即把手缩回到墙那边去了。不一会儿，又把空了的大手伸了过来。

这一次，蔡某之弟把点着引线的鞭炮塞进了大手里。

妖怪再次把手缩了回去，几秒钟之后，只听见“砰”的一声巨响，和什么东西倒在地上的声音。

一行人冲出去，发现院子里的银杏树被劈成两半，断裂处汩汩流血。看来这巨手怪的真身多半是棵成精的老银杏树。

众人索性把树连根拔起，点火付之一炬。从那以后，老宅里再也没有妖怪作祟了。

中国流传着众多古树成精的故事，日本也有无数树妖的传说，两者之间有很多相似之处，追溯渊源，应该也是源自中国吧！

植物之灵

河南省陕州的西北郊住着一户田姓人家。一天，田氏挖井时发现一截树根，粗若手臂，皮若茯苓，稻香外溢。便捡了回去，供奉在家中的佛龛前。

负责供奉香火的是田氏的女儿，名叫登娘，年方十七，豆蔻年华，姿色动人。

树根放在佛前供奉了一年。某日，登娘看见一位少年，身穿白衣，翩然出入佛堂。她与少年情投意合，渐渐地，登娘的行为举止和精神面貌都不同往常。不久，登娘发现自己怀孕，将此事告诉了母亲。母亲认为事情有异，很可能是妖怪所为。

一天，有僧人拜访，田氏便拜托僧人做了法事。佛前的那截树根到了春天，竟开始长芽。

僧人试图走进佛堂，却总感觉好像被什么东西阻拦着，无法靠近。直到有一天，登娘随母亲外出，房门才终于打开，随即有只白鸽从僧人眼前掠过，展翅飞走了。

傍晚，登娘回来后，一直盯着树根发呆。而树根骤然诡变，瞬间朽烂，布满蛀洞。

登娘怀孕七个月就分娩了，生出来的不是婴儿，而是三截断树根，形状就像佛前供奉的那截。田氏赶紧生火，将不祥的树根付之一炬。听说此后再也不曾发生怪事。

让人受孕生产的植物灵怪，我在日本倒是没听说过。

旧扫帚妖怪

上都长安有位僧人名唤太琼，擅讲《仁王经》，声名远播。

开元（713—741）初年，他到浙江奉化县京遥村去讲经布道，然后就在村里的寺庙中住下了。第二年，夏天刚刚过去，他就遇见了这样一件怪事。

一日，太琼正准备持钵上堂说法，意外发现门口放着一个东西，靠近一看，竟是个初生的婴儿，身上裹着崭新的襁褓。僧人大惊，赶忙将婴儿揣在衣袖里出门，打算把它托付给村人。

约莫走了五六里地，太琼突然觉得袖子变轻了，掀开一看，刚才的婴儿不翼而飞，取而代之的是一把破笤帚。

这把旧扫帚，令我联想到“付丧神”。日本人认为东西用久了，就会有灵魂驻于其中。不过，日本的付丧神顶多会在夜里说说话，或四处走动，绝对没有幻化成婴儿的神通。

日本流传着许多旧物精怪的奇谈，比如旧饭勺长期搁置不用，就会有灵魂寄宿其中，忽然手舞足蹈起来；穿旧的木屐或草鞋会长出手脚等等。不过都是旧物本身成精后作怪，很少有旧物变成婴儿这类传说。

看来比起日本，中国的精怪更加擅长千变万化。

在日本的四国地区，一提到“变身”“被迷住”这样的字眼，人们就下意识地联想到是狸妖作怪。由此可见，妖怪的形象设定，是和当地人的意识密切相关的。

酒瓮

有位卖酒的人名叫京修，身为老板，却十分好酒。一沾上酒，连生意都顾不得了，整日从大清早就酒气熏天。

有一天，店里来了一位陌生的客人。只见他身着皂衣乌帽，身长不足三尺，长相奇特。他来到京修面前，要了酒，开口说道：

“我平生最大的嗜好就是喝酒，却从没喝够。如果能一醉方休，不知有多快活！我听说你是同道中人，不远千里来找你。怎么样？陪我喝一杯吧！”

京修听了，心下欢喜，赶忙在里间摆好酒席，开始推杯换盏。客人猛喝三斗酒，却丝毫没露醉意。京修觉得一定是遇上了传说中的酒仙，当即放下酒杯，站起身来，重新见礼，请教客人的名姓。客人笑道：

“我姓成，名德器。哎呀，年纪越大，酒量越好，若喝满喝饱，可饮五斗。”

京修听了，更加惊喜，继续叫小二上酒。最后，两人一共灌下去八斗酒，酒量奇佳的德器也微现醉意。

“快哉快哉！好久没有这么痛快了！”

德器手舞足蹈地嚷嚷着，踉踉跄跄走出大门。突然传来“咔啦”一声脆响，好像有什么东西碎了。京修摇摇晃晃地跟出来，客人却不见了。第二天京修酒醒，天光大亮，才看见门口的大石旁边，有一只跌得粉碎的陈年大酒瓮。

京修这才醒悟，原来昨日那客人不是常人，也不是酒仙，是个成精的酒瓮。他明白了事情的原委，又大口喝起酒来。

壁神

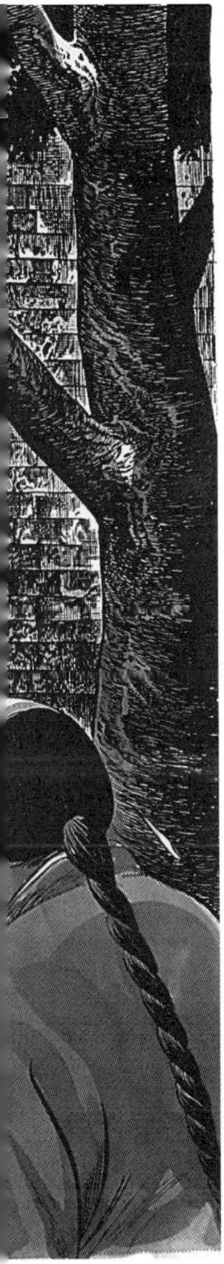

中国东部的一座老宅里曾发生过这样一件怪事。

传说老宅外围环绕着一道古墙，在风和日丽的日子，墙壁中会传出美妙的音乐。若有人试图修补墙壁，在墙上打眼钉钉子，就会腹痛如绞，疼上三天三夜。

大家都不清楚到底是怎么回事。因为害怕触犯神灵，都不敢靠近围墙，小偷也退避三舍，绕道而行。

老宅的房主姓徐，他偏偏不信邪，在围墙上凿了个大洞，修了一道门，方便进出。不料，他的女儿突然眼睛疼。家人便劝徐某："这肯定是壁神的惩罚，赶紧作法驱邪，求神原谅吧！"徐某却依然置若罔闻。

那天晚上，徐某听到窗外传来窃窃私语。他借着皎洁的月光偷偷向外望，只见院子里出现了七个长相怪异的人，好像在商量着什么。"别缠这个了，去找下一个吧。谅他们不敢不来供奉我们！"说完，它们摇身一变，化作妖兽，钻进了徐某儿子的房间。

第二天，女儿的眼睛一点也不疼了，儿子却病倒了。不管服什么药，都没有半点起色。徐某终于相信墙壁里确实有神灵，决心请求神灵的宽恕。不久，儿子的病果然好了。

中国人喜欢用砖石砌墙（也许还有其他方式），墙壁十分坚固。尤其是那些村里的老宅，墙壁更是厚实。越是年代久远的墙壁，就越让人觉得有可能住着妖怪。

一目五先生

这是一种五头连体的妖怪，其中四头没有眼睛，一头有一独眼，五头怪物全靠这唯一的眼睛视物，故被合称为“一目五先生”。

五只妖怪总是共同进退。无眼的四目从不脱离一目先生擅自行动。它们等人熟睡之后，轮番用鼻子嗅人。据说人被第一只鬼嗅过就会生病。被第二只、第三只鬼嗅过，病情就越发严重。等被五鬼全部嗅过，就会暴毙身亡。

传说浙江地区有名男子曾在一家客栈亲眼见过一目五先生。那天夜里，许多旅客来客栈投宿。舟车劳顿，其他客人都睡着了，只有那名男子还没合眼。忽然烛光暗淡下去，一目五先生出现了。

一只妖怪正欲上前嗅人，一目先生摇头：“此为善人，嗅不得！”另一只妖怪要嗅另一位旅客，一目先生又摇头：“此为有福之人，嗅不得！”妖怪们接近别的旅客，一目先生再次阻止：“此为恶人，也嗅不得！”

四只妖怪抱怨：“这也不行，那也不行，到底该嗅谁？一目先生指着另外两位旅客说：“此二人不善不恶，无福无禄，正等着被我们咽下肚呢！”

四只妖怪依次扑上去嗅，一目先生也随后加入。男子发觉那两人的呼吸渐弱，五只妖怪的肚子却鼓了起来。

据说，瘟疫流行之年，一目五先生便会现身。

并封

把猪视作妖怪，大概是源自中国的观念。

据说日本的奄美大岛就有猪妖，名叫“耳无豚”和“片耳豚”。耳无豚是没有耳朵的小猪妖，片耳豚是没有影子的小猪妖。这两种猪妖都很可怕，一旦让它们从胯下钻过去，就必死无疑。中国的猪妖并没有日本那么恐怖，但有时会附在人身上。

猪妖“并封”的身体前后都有头。白天人们看见两个脑袋的猪，知道是并封，自然避之不及，不敢招惹。到了晚上，走夜路看不清，很容易把它误当成普通的猪。并封和狗一样爱与人亲近，引得人们忍不住伸手抚摸它，那就中招了。此人会被并封的妖气所伤，至少卧病三天，才能恢复元气。

一次，一名男子不知道并封的厉害，想把它带回去养，就伸手去抱它。没想到刚触摸到并封的鼻尖，就突然倒地不起。

围观的人原本只想看看热闹，见男子晕倒，都吓了一跳，再也不敢靠近并封。大伙儿扶起男子后，纷纷逃回了家。

至于那只并封，因为头尾各长一个脑袋，没法径直往前走，只好斜着身体离去。

金华之猫

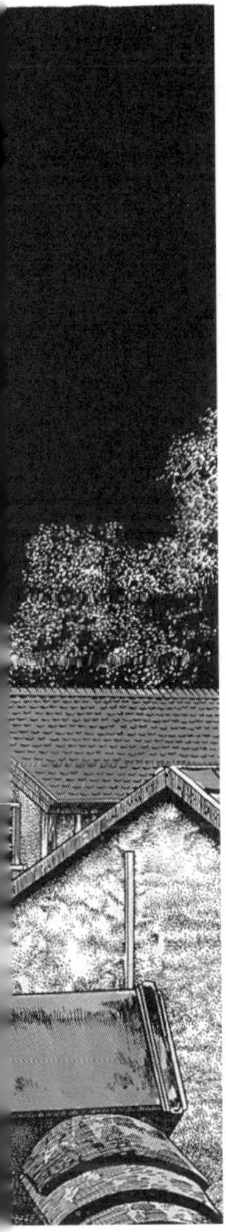

传说在浙江金华，猫养三年就会成精。

每到深夜，金华猫就蹲在屋顶，张嘴对着月亮，吸取月亮之精华。成精之后，就会窜入深山幽谷之中，或者藏匿在佛殿之上。白天在洞穴潜伏，日落后就出来魅惑人。

猫最擅长变幻，千变万化，随心所欲。若遇到妇女，就变成俊男来迷惑她；若遇到男子，就变成美女来引诱他。

金华猫有时也去人家里，一进门，必先在水桶尿尿。人若喝了这水，就看不见猫，身体也会每况愈下，最后虚弱到卧床不起。家人察觉到不对劲，就给病人披上一件青衣，这样过了一夜，到第二天早晨再观察病人的状况。果然发现青衣上沾了猫毛。家人知道定是猫妖作怪，忙暗地里去请猎人。

猎人牵着几条狗，一进家门，便把它们撒开，立刻开始围猎。据说只有猎狗才能抓住猫妖。等逮住猫妖，猎人将它剥皮烤肉给病人吃，病就会痊愈。不过若是男人病了，捕到的是雄猫；或女人病了，捕到的是雌猫，便无法奏效，只能等死。

在我看来，金华猫与其说是妖怪，倒不如说是一种“附体邪祟”。

猫鬼

古代中国，有一种咒人死亡的妖术。据说这种邪恶的妖术不仅可以杀人，还能把死人的财物神不知鬼不觉地转移到施妖术之人的家里。

日本也有类似的咒术，叫“阴阳道”，阴阳师可以用法术操控归顺于自己的妖灵“式神”伤人。中国类似于操纵式神的妖术大概就是“蛊毒”了。

而“猫鬼”就是蛊毒中最恶毒的一种。据说猫和人一样，死后会变成鬼（中国人认为人死后会变成鬼，“鬼”这个字有死人或幽灵的意思）。术士蓄养猫鬼的目的，就是派它们出去杀人，再取夺财产。有些术士为了更加富有，甚至会故意杀死猫，增加猫鬼的数量。

据说隋朝（581—618）的猫鬼之术最为猖獗，被杀死的猫不计其数。有个叫独孤陀的人，身为隋王室的皇亲国戚，却操纵猫鬼诅咒自己的皇后姐姐和大姨子，此事闹得沸沸扬扬，在中国很有名。

此事发生后，隋朝政府严令禁止蓄养猫鬼、行巫蛊之类邪门法术，凡有违令者，全部流放到边陲蛮荒之地。如此一来，巫术之风总算有所控制。然而不久又有人家开始饲养老猫，施行咒术。

据说被猫鬼附体的人，先是四肢和心口像针刺一样疼痛，这是猫鬼在吞噬内脏，用不了多久，此人就会吐血而亡。猫鬼是一种擅长附体的邪恶妖灵，来无影去无踪，不但会给人带来巨大的疼痛，还十分恐怖。

梁山之妖

传说有个叫范璋的人住在梁山（今陕西省乾县）。某个夏日的夜晚，他忽然听见厨房传来声响，仿佛在拉拽什么东西。夜已深，再加上懒得动弹，范璋没有去厨房一探究竟，而是继续读书。

天亮之后，范璋走进厨房，发现灶台上整整齐齐地堆着许多捆五寸多长的木柴，堆得像小山那么高，地上还端端正正地摆着五个饼子。范璋见了又惊又喜。

当晚，他先听见敲门声，接着又听见有什么绕着客厅走来走去，还发出婴儿般的笑声，一连三天都是如此。范璋终于按捺不住，一听到笑声，便抄起一根粗大的木柴棍，追了出去。发出笑声的果然是个妖怪，状若小狗。范璋抡起棍子正要打，妖怪竟然转瞬间化作一团火焰，照得满地生辉，烧了好一会儿才熄灭。

中国有不少妖怪就这样被消灭了（也许只是消失了），又或许是摇身一变，幻化成新的模样。

在日本，如果有妖怪变身失败，人们通常会说它“现了原形”。中国的妖怪似乎比日本的妖怪更让人捉摸不透。中国人通常不把上述情形当作某种妖魔显形，而是当作一段奇谈；硬要说的话，大概是把它归为鬼神之类。

中国和日本不同，即使抓住了妖怪，也绝不敢掉以轻心，即使揪住了妖怪的“狐狸尾巴”，它也可能幻化成其他模样，反扑过来将人吃掉，实在是太可怕了！

吞口

“吞口”这种独脚妖怪，常在中国四川地区出没。

吞口的独脚直接连着它的脸，长相骇人，嘴大如盆，目瞪如铜铃，一副要吃人的样子。吞口平常生活在水中，如果有人靠近，就会将人诱入水中。

“山魈”也是独脚妖怪，主要生活在中国广东、广西一带的大山里。

山魈是山川精怪的一种，脚跟前后颠倒，手指和脚趾都是三根，据说还有雌雄之分，这在妖怪中是十分罕见的。雄山魈叫“山公”，遇到过往行人，必定索要金银钱币；雌山魈叫“山姑”，遇到过往行人，必定索要胭脂香粉。

山魈的生活方式跟人类很像，不过，它们不像人一样住在房子里，而是在大树上筑巢而居。还会用木头栏杆围成粮仓，用来堆放食物。

从前，有位行旅者从岭南大山经过，害怕夜里遇到老虎，打算爬到树上过夜。岂料刚上树，一只山姑就出现在他面前，行旅者吓得赶紧溜下树，一边作揖行礼，一边说：“您要什么尽管开口！”

山姑问：“你身上带了什么？”行旅者正好带着胭脂香粉，赶紧掏出来，山姑心情大悦，答应保护他的安全。

四川省新近出土的土俑酷似吞口，简直如出一辙。土俑被命名为“独脚俑”，听说四川人都叫它“吞口”。

刑天

北京菜市口原来是杀人的法场，常有人在那里见到幽灵出没。

一次，一名醉酒的男子回家途经菜市口，恍惚之间，看见一个高约三米的怪物缓步向他走来。男子大吃一惊，酒全醒了，慌忙闪到旁边的屋檐下，拉过一张草席，盖在身上，躲了起来。

男子颤抖着偷偷往外看，只见那怪物突然倒在地上，嘴里吐出人手人脚。

接着，反刍似的再将吐出来的东西咽下去，饱餐一顿后，看也不看男子那边一眼，径直离开了。

男子吓得直冒冷汗，刚想站起来逃走，突然阴风阵阵，出现了许多无头幽灵，它们身后还紧跟着一只妖怪，男子又吓得一动不动。

这妖怪就是“刑天”，它的手长在脑袋两侧，目光炯炯，皮肤黝黑，腿粗如象，腰间围着一圈豹皮。

刑天发觉了男子的气息，渐渐迫近，男子心如死灰。危急时刻，突然有两条狗扑过来，一口咬住了刑天的脚。

刑天拼命挣脱，可越是挣扎，狗叫得越欢，附近的狗都聚了过来，把刑天死死困住。

群犬齐吠，惊动了当地驻军，朝刑天开炮。刑天中炮倒地，泄出一团鬼火，就一命呜呼了。

三头幻人

“三头幻人”是明察秋毫的刑罚之神。

两千多年前的中国古墓中，发掘出许多陪葬的丝绢，上面书写着一些戒条。据说三头幻人就是从这些古物中幻化而成的。

三头幻人专门裁决妖魔鬼怪们的罪行，地位相当于阴曹地府的判官阎王。

三头幻人有三头，每个头各有主张，经常吵得不可开交。一旦出现分歧，最终的判决由中间那个头来确定。

中国人相信人死后会变成鬼，而鬼住在冥界。

人间有人间的法规，冥界也有冥界的律法，并设有专门机构来管理相关事务。通常，鬼在前世犯下了罪行，就要在冥界赎罪偿还，并等待转世投胎。

这时就需要三头幻人发挥作用了。但是赎清前世的罪过十分漫长，众鬼盼望的转世投胎之日没那么容易到来。

我有一次上电视当嘉宾，亲眼看到过从某座古寺拿来的“三头鬼”，一个头上长着三张脸，制作精良，栩栩如生。

听说三头鬼是江户时代杂耍用的道具。不知它为何做得如此精巧，又为何成为遍布日本的杂耍道具。也许它在民间传说中出现的理由和三头幻人有些类似吧！

能言牛

“件”的故事在日本几乎家喻户晓，是说初生的小牛能预言灾祸，十分灵验。《妖怪大全》一书中也收录了这则故事。

中国历史上也发生过牛预言的故事，却没有像日本那样，给妖怪起一个专门的名字，只把牛开口说话的故事当作一则奇闻异事记录了下来。

一天，湖北江夏郡的一名文官架着牛车出去游荡。没承想，那头拉车的牛竟然冷不丁地开口说话了。

“天下将要大乱，我急着去办要事，你还让我拉车，究竟想去何方？”

同行的随从遇到如此怪事，都惊恐万分。官吏却强作镇定，安抚牛说：

“我会让你回去的，只要你别再开口说话。”

于是，官吏中途折返，还没卸下车架，牛又开口说话了。

“怎么回事？为什么这么早就回家？”

官吏再也按耐不住心中的恐惧，连忙出门请占卜师卜卦，结果是大凶。

占卜师说：“这是不祥之兆，不仅是你一家一户的灾难，恐怕整个国家都将战乱四起，整个江夏郡都要毁于战火啊！”

官吏匆忙回到家中，发现屋里挤满了人，似乎在围观着什么。走近一看，那头牛居然像人一样站了起来，来回走动。

不久，张冒作乱攻打江夏郡。汉朝复兴则是那年秋天的事。据说当时的将军都督们都被击败，骑过能言牛的那名官吏，惨遭满门抄杀。

患

这是汉武帝东游时的一件逸事。

一行人还没走出函谷关，便突然窜出一个怪物，挡住了去路。那怪物身高数丈，形状似牛，眼放青光，四脚深陷泥土之中。

随从们又惊又怕，无奈前路受阻，不得不硬着头皮对付它。他们使出吃奶的力气猛推，那怪物居然纹丝不动。众人束手无策时，谋臣东方朔站了出来，建议说："灌酒试试！"

东方朔学识渊博，足智多谋，深受汉武帝赏识，随从们立刻听从他的建议，给怪物灌了好几斛酒，结果它竟然凭空消失了。

汉武帝好奇地问起个中缘由，东方朔回答："此怪名患，乃怨念之鬼。此地旧时可能是秦朝监狱，或是犯人服劳役之地，积聚了大量忧愁怨气。酒能解千愁，故而能驱走此怪。"

这则故事收于《搜神记》中，成了博学家东方朔的一段轶闻。

这妖怪大概和日本的幽灵差不多吧！

蜚

蜚是出没在中国太山的一种兽形妖怪。

它身形似牛，脸中央有只独眼，身后长着蛇尾。

据说蜚所到之处，水流干涸，草木不生。若现身人间，就会疫病肆虐。

蜚是名副其实的疫病之神，与此相对，中国也有防疫妖怪。

住在英山的“肥遗”就是防疫妖怪，据说吃它的肉可以治愈疫病，饲养它还能杀死传播疫病的害虫。

我个人的感觉是，中国的妖魔鬼怪固然也与人类有牵扯，但彼此之间的相生相克更为密切，犹如在打攻防战。

比如有引起旱灾的妖怪，就有引发洪水的妖怪。

说起来，日本人所谓的“天灾”，有许多其实都是“人祸”。(恐怕不止日本，哪个国家都是如此。)

古时候的中国人也许就生活在妖怪们的战争夹缝中吧!

蜚是《山海经》中的妖怪。记住某种妖怪曾在中国的古代传说中出现，遇到异象时就可能借助这条线索，解开妖怪之谜。

我每次遇到难以理解的妖怪现象，都会把它们放在脑海里，长时间不断地观察、琢磨。

驴妖

这是发生在唐朝天宝（742—756）初年的一件怪事。

有位名叫王熏的男子，住在长安城里的延寿坊。一天晚上，他请朋友到家中聚餐，灯火阑珊处突然伸出来一条黝黑的巨大手臂，长满了茸毛，大家都不知道那究竟是什么东西。这时，黑暗处传来一个声音。

“如此盛宴，却无人邀我入席，真是遗憾呀！你们能不能赏我一口肉吃？在我手里放一点就好了。”

王熏发觉事情有异，不过还是很配合地将肉片放进那只巨手里。一拿到肉，那条手臂就缩了回去，不久又伸了过来，催促道：“谢谢！刚才的肉都吃光了。您行行好，再给点肉吃吧！”王熏毫不迟疑地又夹了肉，放进它手里。巨手又迅速地缩了回去。“这一定是妖怪作祟！看吧，它若再敢伸手，我就立刻把那手臂砍了！”王熏对友人说。

果然，那巨手没过多久就又伸了过来。王熏当即拔刀，一刀砍落手臂。紧接着，隐约看见一个黑影仓皇逃窜。王熏和友人仔细查看砍落在地的手臂，才发现原来是一条驴腿，断腿处鲜血淋漓。

第二天早上，一行人循着血迹追寻，来到一户民宅，王熏询问主人有无线索，主人闻言大惊。“我家确实养着一头驴，昨晚突然少了一条腿，看起来好像是被刀砍断的。”

主人还说，那头驴已经养了二十年。于是王熏把事情的原委一五一十地告诉了主人，大家认为是老驴成精，就把它杀掉吃了。

太岁

太岁的样子像个大肉团，它有几千只眼，在中国的地底下活动。

由于太岁藏在地下，平常自然难觅其踪。如果动土盖房子时不小心挖到它，住在它头上的人家就会遭遇血光之灾，全家丧命。唯一的解救办法，就是立刻停止工程，把挖出的太岁原地埋回。

我听人说，太岁是木星的化身。按照占星术的说法，地底下的“太岁”与太岁星的方位相对应，并随着太岁星的运行轨迹相时而动。如果在太岁星所对应的方位破土动工，必然惹怒太岁大神，招致飞来横祸。

中国自古就把观测木星看作一件大事，认为木星方位错乱乃大凶之兆。占卜师们最忌讳在木星方位掘地施工。

不了解太岁的禁忌，就容易犯下不可挽回的弥天大错。

历史上曾记载，有个宁州人偶然挖到了太岁。他不认识这是什么东西，竟然把太岁带到大街上，四处向人打听。

一名路过的游脚僧见了，赶紧警告他：“此乃太岁，速速将它埋回去！”宁州人这才慌了神，赶紧把太岁埋回原处。

可惜不到一年光景，他和他的家人还是死光了。

正所谓“切莫在太岁头上动土”，说的就是千万不要招惹太岁这座尊神。

无论如何，这“土中百目”都可算是举世罕有的妖怪文化了吧！

鸭怪

从前，有位二十岁的青年男子遇到了一件怪事。

某天晚上，他独自外出，对面走来一个脑袋硕大、肩膀高耸、有些驼背的怪人。男子问道：“你是谁？”对方竟坦然相告：“我是妖怪，你又是谁？”男子回答：“我也是妖怪。”

妖怪欢喜地一把抱住男子。它的身体冷得像冰块，不过这一抱，反倒把妖怪吓了一跳。它责问男子：“你的身体怎么这么暖和？你不是妖怪吧？”男子回答：“我是妖怪当中最血气方刚的！”

妖怪相信了男子的说法。接着，男子问妖怪会些什么法术，妖怪一一展示：它一把拧下脑袋，一会儿把头按在屁股上，一会儿把头压在肚子上，一会儿又把头劈成两半抛到空中。最后，又将头完好无损地装回脖子上。表演结束，妖怪反问男子有何法术。

男子说：“哎哟糟糕！肚子饿了，没力气施展。我们去绍兴镇上找些吃的吧！”妖怪欣然同意。

男子边走边打听妖怪喜欢吃什么。妖怪说：“最喜欢女人的头发，最厌恶男人的鼻涕。”走到半路，又遇到一个瘦得跟一棵枯树似的妖怪，也加入了他们的队伍。

马上要到镇上了，两只妖怪的脚步却越来越沉重，男子只好紧紧抓住它们的胳膊，一左一右拽着它们往前走。走着走着，天亮了，男子这才发现他拉着的竟是两只鸭子。男子怕它们再变回妖怪，立即擤了一把鼻涕，抹在鸭子身上。然后提着它们上集市去卖，还挣了三百钱。

驴鼠

古书记载，安徽宣城郡曾有怪兽出没。郭璞被任命为参军，渡过长江来到宣城，却遇上了这样一件怪事。

宣城突然出现怪兽，大如水牛，全身呈灰色，胸部呈白色，四脚短小，腿粗如象，动作迟缓。怪兽出没的消息像捅了马蜂窝，整个城池陷入大乱。

太守殷祐忙请郭璞卜卦,想将其捕获。卜得本卦为由遁，变卦为至蛊，此物乃是一只“驴鼠”。

宣城郡的官员连忙拜祭土地神，请示神的旨意。巫女祷告后，说驴鼠现世是神的旨意：

“庙神震怒，托我转告。这异兽是安徽共亭驴山之神的坐骑，前去荆山，途经此处。任何人不得伤害于它。”

先前曾有惊慌的百姓用戟刺杀驴鼠，在它身上留下一尺多深的伤口。听完巫女的忠告，再也不敢违抗神的旨意，默默目送它离开。

据说驴鼠就此消失，再也没人看见过它。

古书《山海经》记载了各种各样的神兽或怪兽，大多具备超凡的神力，凡人若遇见了，切忌与它们较量。不论是神灵还是妖怪，究其来源，似乎都来自山里。它们大多是山神的使者，拥有神秘的力量。也许是古代大山中的灵气孕育出了这些奇神异兽吧。

猪豚蛇

建康驻军中有位将校叫成俊，精通“禁咒之术”，尤其擅长制伏灵蛇。

这是发生在绍兴二十三年(1153 年)的故事。黄昏时分，南门外正在进行军事训练，突然竹林里窜出一条大蛇。

蛇身粗似铁杵，体长三尺，浑身是毛，有四条腿。妖蛇一出现，就发出猪一般的叫声，一边嘶叫着一边追赶人，行动如风，似乎要把人一口吞下。

大家惊慌失措，四处逃散，拿这妖物毫无办法。有人在路边找到一个马槽，急忙拿过来罩在妖蛇身上，暂时压住了它，立即请示上级。指挥官一边派人去请擅长降蛇的成俊，一边命人看好妖蛇。

成俊一到，便已知晓妖蛇的模样。

他说：“它叫猪豚蛇，是一种妖蛇，被它咬一口，就会当场毙命。”

说完，成俊在马槽上吹一口气，口中念念有词，开始施法。

施法结束，命人掀开马槽，妖蛇已经缩成一团，一动不动。成俊命人再次盖上马槽，深吸一口日月之灵气，对着马槽吹了三口气。再次命人掀开马槽，妖蛇已经化为一摊血水。

多么神奇的法力！在我看来，法力高强的成俊反倒更像妖怪了。

这个故事把禁咒之术吹嘘得神乎其神，也许在中国古人眼中，精通法术的术士简直就像超人一样令人钦佩吧！

狐之珠

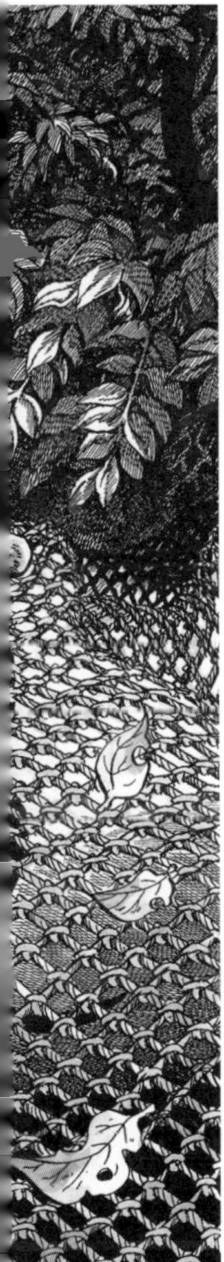

唐朝有个叫刘全白的官员，府中奶妈有个儿子叫众爱，喜欢将猎网布在山道中间，捕捉野猪或狐狸。

一天晚上，众爱和往常一样撒好网，自己亦藏身其中，等待猎物到来。黑暗中听到窸窸窣窣的脚步声，只见不远处出现一个阴影，趴在地上端详猎网。半晌，那影子突然站了起来，竟然是位身穿红裙的女子。女子绕过网，走到众爱面前的车旁，突然伸手抓起一只老鼠，狼吞虎咽起来。众爱吃了一惊，忍不住呵斥女子，女子受到惊吓，不慎落入网中，不停挣扎。众爱举棒乱打一通，随后将女子连人带网丢进池塘，就赶忙回家了。

众爱左思右想，觉得女子一定不是凡胎。为了弄清楚她究竟是何方神圣，他又来到池塘边，那女子居然还活着。众爱抡起一把大斧，拦腰砍去，女子果然摇身一变，化作一只老狐狸。众爱立刻拎起狐狸往村子走。路上遇到一位老和尚，见狐狸尚有气息，便指点众爱。

“这是一只灵狐，口中有颗媚珠。若得此珠，便能被天下人所爱慕。”

众爱回到家，用绳子捆住狐狸的四只脚，关在笼子里养了几天。按照和尚教的法子，只给狐狸闻烤肉的香味，却不给它喂食。狐狸馋得口水直流，一不留神吐出媚珠而死。那珠子状如棋子，浑圆剔透。

据说众爱的母亲自从佩戴了这颗媚珠，就备受丈夫的宠爱。

巨手妖怪

中国有很多巨手妖怪的故事，不知道它们是不是同一个妖怪。接下来要说的故事依然与巨手有关，故事发生在陵州（今四川仁寿县）的龙兴寺。

一次，龙兴寺僧惠恪设宴邀请十几位僧人，饭桌上准备了许多油饼。二更时分，突然冒出一只毛茸茸的巨手，大声道：

“我想要一张油饼。”

众僧大惊失色，纷纷落荒而逃，只有惠恪镇定自若，拿起几张油饼，放到自己手中。妖怪来抓油饼时，惠恪一下攥住了它的手。惠恪天生神力，能举石臼。妖怪力不能敌，只好苦苦求饶。惠恪命令男仆砍断巨手，却发现巨手变成了鸟的翅膀。

第二天清早，惠恪走到寺外，沿着留下的血迹，往西南方向追踪，来到一条溪谷前，发现血流到一块岩石的裂缝里，就不见了踪迹。惠恪返回寺中叫来帮手，一行人挖开岩石，发现下面竟然藏着一块黑色的美石。

这是中国古书上记载的一则故事，故事讲到这里戛然而止，无从得知巨手怪的真身到底是妖鸟还是石头怪。既然这怪物能说人话，它的体内肯定住着某个灵魂。中国的无名妖怪数不胜数，这反而更体现了妖怪的本色和趣味。

山神

话说从前有个名叫李合斗的男子。一天，因为有事上山去了。

他走进山里，四下打量，发现有三个人席地围坐，正在饮酒作乐。三人看到李合斗，忙站起身来拉他入座，争着给他敬酒布菜。

李合斗起初还很拘束，但是架不住被频频敬酒，渐渐放开了性子，跟他们一起开怀畅饮。四人相谈甚欢，酒兴渐浓。美中不足的是，李合斗发觉酒的味道格外寡淡，很是诧异。

忽然，远远走来一个怪物，脸长约二三尺，头上还戴着高高的冠帽。不仅李合斗吓坏了，那三个人也吓得脸色煞白，大叫："山神来了！"四下逃窜，作鸟兽散。

李合斗慌忙躲进一个深坑里。过了一会儿，才探出头来，发现刚才的许多酒壶都空了。他惊呆了，又仔细检查四周，只见一个破陶罐里装着一些浑浊的水，还有一只蜥蜴在上头恶心地蠕动着。李合斗感觉这水一定有问题，碰都没敢碰它，直接回家去了。

这是《玄怪录》中收录的一则故事，书里并没有记载李合斗进的是什么山。

后来，中国有些山神飘洋过海来到日本，定居下来。不过日本的山神多数是奇丑无比的女人。即使有男性山神，也长得像日本的神灵。

如果真有吸收深山灵气的神灵存在，应该和这则故事中出现的山神一样，拥有奇特的样貌吧！

山獾

“山犭军”在日本可以读作“sanki”，不过本书按照《和汉三才图绘》的说法，把它读作“sankai”。

山犭军是犬身人面，一看到人，便会露出嘲讽般的笑容，行动如风，快如飞箭。

山犭军的出现被视为台风来临的前兆。

中国有许多妖怪平常生活在大山里，拥有强大无比的魔力，往往一现身就会引起天灾。

在中国古人的观念中，深山老林里的树木、石头能修炼成精，变成动物或人的样子出现。

山犭军应该也是类似的观念催生出的精怪。

有一种叫“幽鴳”的妖怪，模样似猴，全身有斑纹，特别爱笑，行走起来快疾如风，据说它就是风的源头。不过，如果在大山里听到它发出的咯咯怪笑，你一定头皮发麻。

还有一种妖怪叫“赣巨人”，全身黑毛，脚尖和脚跟前后颠倒，看见人就哈哈大笑，笑得嘴唇翻卷，盖住整张脸。人就可以趁机逃跑。

有的老人上了年纪，也会无缘无故地呵呵笑个不停。在我看来，这样的人和妖怪也相差无几了。

山魈

孙太白的曾祖父以前在南山的柳沟寺潜心攻读，麦秋时节回乡，在家约待十数天，复又归寺。

他不在期间，书斋无人打扫，桌案上满是尘土，窗户上也结了蜘蛛网。回来后，孙公立刻叫来下人打扫书斋，直至恢复窗明几净，才撤走书桌，铺好棉被，安心关门就寝。

万籁俱寂的深夜，隐约听到外面风声呼啸，山门咣当直响。孙公起初以为是寺僧没关好门，不料那风声越发逼近，又刮开了玄关门。他心里一凛，下意识地琢磨到底是什么东西。那风声已然进入屋内，旋即化作“嗵嗵嗵”的脚步声，朝寝室而来。猛然间，房门大开，一个身形高大的鬼弯腰进来了。

只见那鬼脸色橙红，犹如熟透的老瓜皮，目光闪闪，环顾四周，接着就张开血盆大口，发出震天响的嘶吼。

孙公吓得魂飞魄散，暗暗抽出枕下佩刀，冷不丁地朝鬼砍去。正巧刺在鬼肚子上，发出击石般的声响。鬼大怒，亮出巨爪，要抓孙公。孙公身体一缩，鬼猛扑了个空，随手抓住棉被，愤怒地冲了出去。

孙公大声呼叫，仆人举着灯赶来，看见玄关紧锁，只好破窗而入。随后慌忙扶起孙公，抬到床上。孙公说完事情的原委，命众人四下盘查，发现棉被夹在门缝里，打开房门，借光细看，门板上赫然留着爪痕，印记大如簸箕，五指所摁之处皆是洞痕。

后来，孙公又回过故乡，但据说自那次以后，再没有怪事发生。

伥鬼

在中国，老虎不是一般的动物。它既是可怕的猛兽，又是具有灵性的神兽。

古时候，有一位周姓男子，是远近闻名的打虎英雄，身上的累累伤痕记录了他和老虎殊死搏斗的惊险历程。

据他介绍，老虎通常会在有月晕的夜晚交配。如果吃了狗，就会像人一样酩酊大醉。

因此，有时老虎会吃人。但奇怪的是，老虎从不吃喝醉的人。

有一种“伥鬼”专门附在老虎身上作恶，它们本来是不幸被老虎吃掉的人，怂恿老虎作恶，专门引诱老虎吃人。

老虎本是灵兽，并不攻击人类。后来因为伥鬼作祟，才主动吃人。也就是说，攻击人的并不是老虎本身。

如果抓到老虎，要记住虎死倒地时头部的位置。等到月黑风高之夜，从那个位置往下挖大约一尺深，必会挖出一粒小石子，传说那就是琥珀，是虎眼中的精魄渗透到地下凝结而成的石子，能够治疗孩子的癫痫病。

虎神

老虎在中国传说中会化身成人，从背后拍人的肩膀。

有时甚至会以虎面人身的样子出现，主动与人搭话。

据说在中国，“虎神”能和人类谈笑风生，毫无障碍。

而在日本，与老虎有关的传说都骇人听闻，绝没有拍打人肩膀、与人亲切交谈的形象。

老虎是唐朝时被引入日本的，也许来到日本之后，性情发生了变化吧！

虎神不像妖怪，更像一头性格豪爽的幻兽。既被称为虎神，应该归到神灵的行列，不过它并不令人望而生畏，反而深受大家的喜爱。

变身成人的虎神跟人长得一模一样，唯一的破绽就是没有脚后跟。留意观察脚跟，就能识破真身。除此之外，虎神很适应人类的生活，听说有些虎神还和人类的女子结为夫妇，孕育子嗣。

变成人身的虎神想要变回原形，只要披上虎皮，就能恢复真身。

虎男

据说“虎男”和“狼人”一样，本来是人的模样，会在某个时候变身为虎，袭击人类。相传有个和尚带一名男仆在山中赶夜路，突然遇到了一只老虎。和尚吓得面如土色，而男仆早知道附近有虎男出没，并没有惊慌。他让和尚躲在一旁，自己卸下马鞍，跃上马背打了个滚，也变成虎头人身的模样。原来男仆也是一只虎男。

两只老虎立刻缠斗到一起，直打得两败俱伤。不过还是男仆占了上风，另一只虎男只好求饶：“求您饶我一命！我和您一样，以前都曾是人啊！”

和尚便让男仆饶它一命。男仆答应了，又到马背上翻滚一圈，重新变回人的模样。虎男带着二人来到了它的洞穴，把平时从人类手中抢来的金银珠宝送给了他们。二人悉数收下，满载而归。

中国常有老虎成精的故事，大概以前老虎很多吧！

苏门答腊的尼亚斯岛有个村庄的图腾就是老虎，这里过去一直保留着“猎人头”的原始风俗。村中还有一座老虎雕像，地位与军旗相当，取用时需由四人抬到殿上。每次出征，战士站在队伍最前端，中间是这“老虎军旗”。猎到人头，当天的祭奠便宣告结束。不知为何，要是村里有人死亡，尸体就要被放进雕刻着老虎图案的棺材里，运往墓地。

现在，尼亚斯岛已经没有老虎了，但老虎依然是那里的象征。也许是因为过去这里老虎众多又勇猛无敌，才能让人如此崇拜吧！

赤虎

商人长忠行船沿着湖岸做生意，一年有大半时间不在家。这回已经出门一年都不见人影，其妻整日在家提心吊胆。一天，突然有个陌生男子上门，捎来了长忠的消息。

那人说长忠的船不幸遇上暴风雨，财货两空，人也大病一场，面目全非，好歹捡回一条命，过几天就能回家了。

三日后，那人的话果真应验，家门口出现了一个乞丐模样的男人。妻子吃了一惊，赶紧把他领进家门，嘘寒问暖，悉心照料。百日后，此人终于恢复了健康。一天，他对妻子说："我以前三天两头在外头跑，如今却日日在家闲坐，真是无聊透顶啊！"

说完，不顾妻子劝说，又开始收拾行李，准备出门行商。突然又说有事与朋友商谈，便出门去了。不一会儿，像变戏法似的，家里又来了一个男人，长得跟丈夫一模一样，只不过形容憔悴，好似经受了长途跋涉之苦。妻子吓蒙了，分不清到底哪个是自己的丈夫，便跑到隔壁邻居家躲了起来。刚进家门的长忠也愣住了，自己离家一载有余，辛辛苦苦挣了银子，今天回来本想给妻子一个惊喜，没想到妻子见到自己竟吓跑了。他去找邻居打听，才知道事情原委。

长忠把妻子接回家中，此时，那个冒牌货回来了。他看见长忠，惊叫一声，赶忙解释。

"我乃灵虎，见你整天不着家，难免冷落了娇妻，就替你安慰安慰她。"说完，那人摇身一变，变成一只赤虎，一溜烟跑进山里，再也没有回来。

讙

“讙”的外形跟犬有几分相似，却长着一只独眼，三条尾巴。

它喜欢在夜间行动，贴着地面爬行，吓唬来往的路人。它还能模仿很多动物的声音，引得路人上当。据说讙可以震慑凶邪之气，可见了这样眼露凶光、牙尖嘴利的妖怪，任谁都要溜之大吉。这妖怪明明于人有益，却不招人喜欢。真是可怜。还有人说，讙能模仿的动物声音多达百种，食用讙肉可以治疗黄疸。

还有一种爱笑的怪鸟，名叫“鵸䳜”，和讙住在同一座山里。据说吃了它的肉能使人不做噩梦，还能辟邪。中国的每座大山里总有那么几头妖怪，它们外表各异，住在同一座山中的妖怪性格相差无几。

这些妖怪都源自古书《山海经》，几千年前的各类志怪传说中，妖怪们都是借动物的形象出现的。大概在远古时代，山里面有许多人从没见过的动物，人们难免会大惊小怪，再联想起那些离奇而古老的乡野传说，定然害怕。

小时候，我去参观商周古文物展，看到那些雕刻着神秘图形的青铜大鼎，直觉那绝非人力所为，应该是妖怪的杰作。日本绳文时期的古文物也有妖怪的影子，但商周文物发散出的妖怪气息要远超日本。

也许，商周就是一个妖怪纵横的时代。

猳国

“猳国”栖身于蜀国山中，样貌似猴，却能像人一样直立行走奔跑，喜欢掳走过路的女子，尤其是美女。

它能借助体味分辨男女，绝不掳男人。被抢来的女子就成了猳国的妻子，为它生儿育女，不生孩子终身不得下山。

女人生下孩子，就能重获自由，猳国会把母子一同送回家乡。若母亲胆敢遗弃孩子，就会丧命。

因此，每个女子都会恪守母亲之职，兢兢业业将妖怪的孩子抚养长大。据说孩子长大成人后，和普通人没有任何区别。

换句话说，妖怪的孩子很可能早已神不知鬼不觉地混迹在人群之中。

上古时代的中国天地一片混沌，人和自然的界限并不清晰，即使人和妖混居，也不算什么怪事。

我就曾在亚马孙河流域遇到过一个野人般的巨人，正要按下相机快门，却被一只巨手遮住了镜头，然后听到一个声音：“给钱！”

我搜遍全身，却偏偏没找到钱包，只好眼睁睁地看着巨人消失。世界之大，无奇不有，也许世上还真有人和妖所生的“混血儿”呢！这是我事后的真实感受。

狍鸮

“狍鸮”是生活在中国大山里的食人异兽。

它长着羊的身体、人的面孔、虎的牙齿，就用这尖锐的獠牙吃人。眼睛长在腋下，叫声像婴儿啼哭。

食人兽似乎总爱假装婴儿啼哭。生活在另一座大山里的“窫窳”也是如此。窫窳人面牛身，足为红色，形状似马蹄。据说窫窳栖息的大山中有一条河，河里有一种特别的鱼，人吃了就会死。

狍鸮的眼睛长在身体上，视线方向自然也与众不同。如果不幸遇到狍鸮，千万不要站在它的身侧，正对着它的脸反而安全。

当然，一般人要是遇到这样尖嘴獠牙的怪兽，早就吓破了胆，更别提思考怎么对付它了，还是三十六计，走为上策。

小时候，我听说日本有一种妖怪叫“狒狒”，当时觉得很不可思议，明明是动物园里的动物，怎么就成了妖怪呢？后来才知道中国古书中有一种叫“狒狒”的妖怪，长相似人，披头散发，行走如飞，也会吃人。

还有一种类似的妖怪叫“狌狌”，长得像猴子，头上有一对白耳朵，既能在地上爬行，也能像人一样站起来奔跑。据说人吃了狌狌的肉，就能健步如飞。

直到今天，我还在琢磨，为什么动物会加入妖怪的行列呢？妖怪狌狌也是源自中国古代的传说，看来我又把妖怪和动物混为一谈了。

计蒙与蠠围

中国境内多山，其中一座名叫光山。

光山上树木葱茏，流水潺潺，名为“计蒙”的仙人就居住在此。计蒙人身龙头，常常在漳水的深渊畅游。计蒙是司雨之神，出入时一定有暴风骤雨相随。

骄山上住着一位名叫“鼍围”的神仙，它也会去睢水和漳水的深渊中畅游嬉戏。鼍围外形似羊，长着虎爪。在山中出入时，身体会闪闪发光，

中国的山神不计其数，有名号的山神却不多。像计蒙这样有名有姓的大神，一般都拥有超强的法力。

每座山都适宜进山和不适宜进山的时期，如果忽视这点，灾难就会降临。

相传古代道士进山修行，非常讲究进山的时机，以三月和九月之间进山为佳。为防不测，修道者通常还会学习一些道术防身。因为在人迹罕至的大山里，很可能会遇到法力高强的山神。

我曾读过一则有关山神的随笔。有人上山时丢了东西，山民告诉他要爬上小山顶求助山神，并拿出一件男人的物品作为谢礼。那人一试，果真很快找到了遗失之物。大山的神奇，总是令人叹为观止。

古人认为，山中必有山神，掌管山中万物，这种认为万物皆有灵的直觉未必没有道理。事实上，只要走进真正的深山老林，任谁都会感应到一种非同寻常的神秘力量，只是人类的感官还无法清晰地识别它。

蠪蛭

传说“蠪姪”生活在上古时期的凫丽山上。

它是神话中九头九尾的狐形妖兽，叫声像婴儿。

千万别因为它的叫声像婴儿啼哭，就掉以轻心。模仿婴儿的哭声其实是它的一种手段，假装示弱，诱人靠近，一旦上钩，你就成了妖兽的美餐。

中国有许多这样的妖怪，蠪姪就是其中的代表。如果在深山老林中听到婴儿的啼哭声，万万不可大发慈悲，逃之夭夭才是上上之策。

还有一种吃人的狐狸，有九条尾巴，生活在青丘山上，外表和蠪姪相似，哭声也很像婴儿。

这种妖怪叫“九尾狐”，是专门为天界服务的天狐原型。九尾狐虽然生性凶残，吃了它的肉却可以免受妖邪侵扰。

据说日本四国地区的大山里有种妖怪，名叫“儿啼爷”，也能发出婴儿般的啼哭声，说不定和中国妖怪颇有些渊源呢！

儿童尚未长大成人，保留了较强的动物本能。总的来说，他们掌握着打开山中“异界”大门的钥匙。中国的世外桃源里住着的大多是小孩和老人。大山里听到的婴儿啼哭，是来自人间的声响，会通过听觉直达我们内心深处最柔软的地方，诱导我们来到“异界”的入口。

蛊雕

这种妖怪会发出婴儿般的啼哭声，把人引诱过去一口吞掉。

它也源自中国，生活在寸草不生、怪石嶙峋的鹿吴山中。

从鹿吴山向东五百里，是漆吴山，山上也是草木稀疏、巨石林立。传说太阳便宿在此山，妖怪也在此繁衍生息。

蛊雕凶恶残暴，如果滥施同情心，小心性命不保。

日本的妖怪“川赤子”也会发出婴儿的哭声。它通常生活在山川河流边，发出“呜哇！呜哇！”的哭声，让人误以为是小孩溺水。若循声前去救人，哭声又会从相反的方向传来。跑回去以后，哭声又会转回原先的方向。

等人发觉原来是川赤子捣鬼，哭声便会停止片刻。婴儿的哭声只是在利用人的同情心，诱人跳进圈套。

中国传说中的世外桃源一般位于山中，居民大都是婴儿和老人，偶尔也会让年轻女子进来。“儿啼爷”“川赤子”发出的婴儿哭声，大概就是来自异世界的声音吧！

也就是说，听到这种声音，就意味着会有“非比寻常的东西”出现。

駮

“駮”的形状像马，通体白色，却拖着一条黑尾巴。头上有一只独角，长着虎牙虎爪，叫声如擂战鼓，老虎和豹子都是它的盘中美餐。据说饲养这种神兽，可以避免兵刃之灾。

駮生活在中曲山，山上有一种櫰木，长着梨树叶那样的圆叶子，结红红的果子，果实有木瓜一样大。据说吃了这种树的果实，会变得力大无穷。

说不定駮就是以这种果子为主食，才力大无穷。

印象中妖怪的食物似乎大多是人肉，很少会是别的东西。

不过，有种叫“貘”的妖怪，据说以吃人的梦为生。如此看来，妖怪的食物范围也许已经远远超出了我们的想象。

駮也是《山海经》中的妖怪，古时候的中国没有动物园，除了猫狗这些跟人类共同生活的动物，其他野兽恐怕都会被人们视为“怪奇之物”。他们展开天马行空的想象力，将不熟悉的动物幻想成神怪的模样。

正如中野美代子女士所言，《山海经》里的妖怪好像都是各种动物稍作变身而来的。

即便如此，古人还是觉得很新奇。

吸脑汁妖怪

顺治十八年（1661 年），于七发动农民起义，遭到了清军的残酷镇压。栖霞县乡民季化龙躲进山里避难，不料撞上了清兵大军。恰逢晚上，季化龙便伏身于路边的尸体中间，佯装死人，蒙混过关。

季化龙惊吓过度，清军离开后没能立即起身。没想到，四周那些缺胳膊断腿的尸体一个个地竖起了身子。其中一个脖子被砍断、脑袋耷拉在肩膀上的死尸竟然开口说话了："吸脑汁妖怪要来了，这可如何是好？"

其他死尸也纷纷哀叹："如何是好？如何是好？"须臾之间，那些尸体又齐刷刷地倒地不起，四周再次陷入一片死寂。

季化龙更加害怕，想要逃离此地。突然听到一阵脚步声，他又伏身躺倒。偷眼望去，只见来了一个兽头人身的妖怪，趴到死尸堆里，一口咬开脑壳，挨个吸人的脑汁。季化龙吓得肝胆俱裂，赶紧把头埋在其他尸体的肚子下面。不久妖怪来了，用脚扒拉他的肩膀。季化龙死死趴在地上，硬是不肯抬头。于是妖怪推开了压在季化龙身上的尸体，张嘴就要咬下去。季化龙情急之下在四周摸到一块碗大的石头，猛地向妖怪砸去，打中了它的嘴巴。妖怪发出猫头鹰一般的怪叫，捂着嘴跑了。

妖怪逃跑时嘴里吐出鲜血，季化龙发现其中混着两颗尖牙，足足有四寸多长。他回过神来，把两颗獠牙带回村里，四处向人炫耀他的战利品。

狌狌

“狌狌”生活在西海畔的招摇山上，模样跟人非常相似，但耳朵是白色的。

招摇山上长着许多奇花异草。其中有一种叫作“迷谷”的神树，虽然通身漆黑，开的花却能照亮四方，据说只要手持迷谷花就不会迷路。

狌狌一般用四肢爬行，吃了迷谷花就能像人一样直立奔跑。招摇山上还有一种状似韭菜的仙草，叫作“祝余”，吃下一株就不会感到饥饿。这里的金银矿产也很丰富，宛若人间天堂。

这“狌狌”也天性率真，从不侵犯人类。一般的妖怪通常会幻化成别的模样，试图与人类接触，狌狌却生活在一个与人类完全隔绝的世界。

也只有太古时代的妖怪才能如此悠然自得吧！

因为太古时代的大山里还存在着许多人迹罕至的地方，无忧无虑、与世无争的狌狌才得以生存下来。

但是随着人类不断砍伐森林，霸占它们的领地，昔日的乐园逐渐变了模样，狌狌只好向恐怖的妖怪转变。完全蜕变成妖怪的狌狌的后裔，可能也来到了日本。

荒俣宏在《世界博物学事典》一书中，详细地记载了有关狌狌的传说。

玄阴池之蛙

长庆二年（822 年）的一个夏日，太原商人石宪去北方经商时途经雁门关，热到头晕目眩，昏倒在路旁的大树底下。

恰巧一僧人路过，推醒了他。他对石宪说：“我的草庵就在五台山南边，不妨随我一起去休息。”

僧人身穿褐衣，样貌和举止都有些异常。但是石宪不好意思拒绝僧人的一番好意，便依言随他同行。

一路上，僧人帮石宪背着行囊，石宪跟在后面。前面是一片茂密的树林，林子深处有一片大池塘。

池水深幽，碧波荡漾，凉风习习，果然是个避暑胜地。

褐衣僧人介绍说：“此潭名叫玄阴池，我们通常在这里沐浴避暑。”

石宪一看，确实有许多僧人在池中游来游去。但坐到池边仔细观察，每位僧人的脸居然都长得一模一样。石宪感到脊背发凉，想要逃离此地，不料有个僧人突然从水中蹿起，一把拉住石宪没入水中。池水冰冷彻骨，石宪挣扎着想要上岸。耳边突然传来一个声音：“喂！你怎么啦？怎么躺在这里？”

石宪猛地惊醒，发现自己躺在起初那棵大树下，路人见石宪浑身湿透，不停挣扎，才出声叫醒他。

当晚，石宪借宿村中一户人家。第二天又踏上了旅程。途中，他总忘不了梦中的情境，便亲自到梦中的那片森林瞧了瞧，池水里游动着一群青蛙，其中最大的一只是深褐色的。他这才明白，梦中的僧人乃是青蛙变的。

鳖幽灵

日本也有鳖幽灵，顾名思义，就是成精作怪的鳖形幽灵。

而中国传说里的鳖幽灵却模样奇特，它上半身是人，下半身是鳖。

从前，北京有位苏姓书生。

他住在京城一户人家中，负责教书。书房前面有个池塘，对面有一间屋，窗户时常开着，却不知是谁住在里面。

一天傍晚，书生透过自己房间的窗户，悠闲地眺望着池塘对面的屋子。

此时，他居然看见屋子的窗户边上，站着一位黑发美女。

女子很美，不过穿衣打扮却颇有古意。书生好奇，便向学生打听家中究竟有无此人。可是，学生说那间屋子根本没有住人。

书生觉得奇怪，想亲眼看看究竟。于是，当美女的倩影再次出现在窗前，他便偷偷摸进了那间屋子。

没想到，站在屋里的竟是个上半身是美女、下半身是鳖壳的怪物。

书生大惊失色，怪物也因被人看到真身，仓皇潜进池塘。

事后搜遍整个池塘，也没找到这个怪物。

巨鳖

一次，张翁的家人要坐船沿长江而下，张翁再三叮嘱家人，千万不要在船上烹制肉食。听说江里有一巨鳖，闻到生肉的香气就会跳出水面，毁掉船只、吞噬乘客。

可是，家人在张翁出门的时候坐船出行，把他的告诫当成了耳旁风，在船上做饭烤肉。江中立刻巨浪翻滚，张翁的妻女都不幸沉入水底。

张翁椎心泣血、悲痛欲绝，发誓要为妻女报仇雪恨。他先去求金山的僧人帮他收服巨鳖。可僧人回答：他们平日里也害怕招祸，把巨鳖奉为神灵，尽量不触怒于它。不但如此，还常把牲口当作供品，投掷到江中供它享用，万万不能去向巨鳖寻仇。

张翁于是计上心来。他请来铁匠，将百余斤的大铁块烧得通红。又请了两三个孔武有力的男子，将赤铁投入事先调查好的巨鳖出没的地方。巨鳖以为又有供品送上门来，一口将铁块吞进肚里，沉入水底。

不多时，江面上巨浪滔天，风平浪静后，巨鳖的尸首浮出水面。

自那以后，长江中再无巨鳖作怪，旅人和僧人都拍手称快，还在此地建了一座张翁祠，为其塑像，尊为水神，虔心供奉。据说有求必应，十分灵验。

本篇配图为清代类似的鳖精作祟时，捕快围捕的场景。和本篇提到的巨鳖未必是同一只，我听故事时，觉得生动有趣，就画下来供大家一阅。

制造黎明的怪物

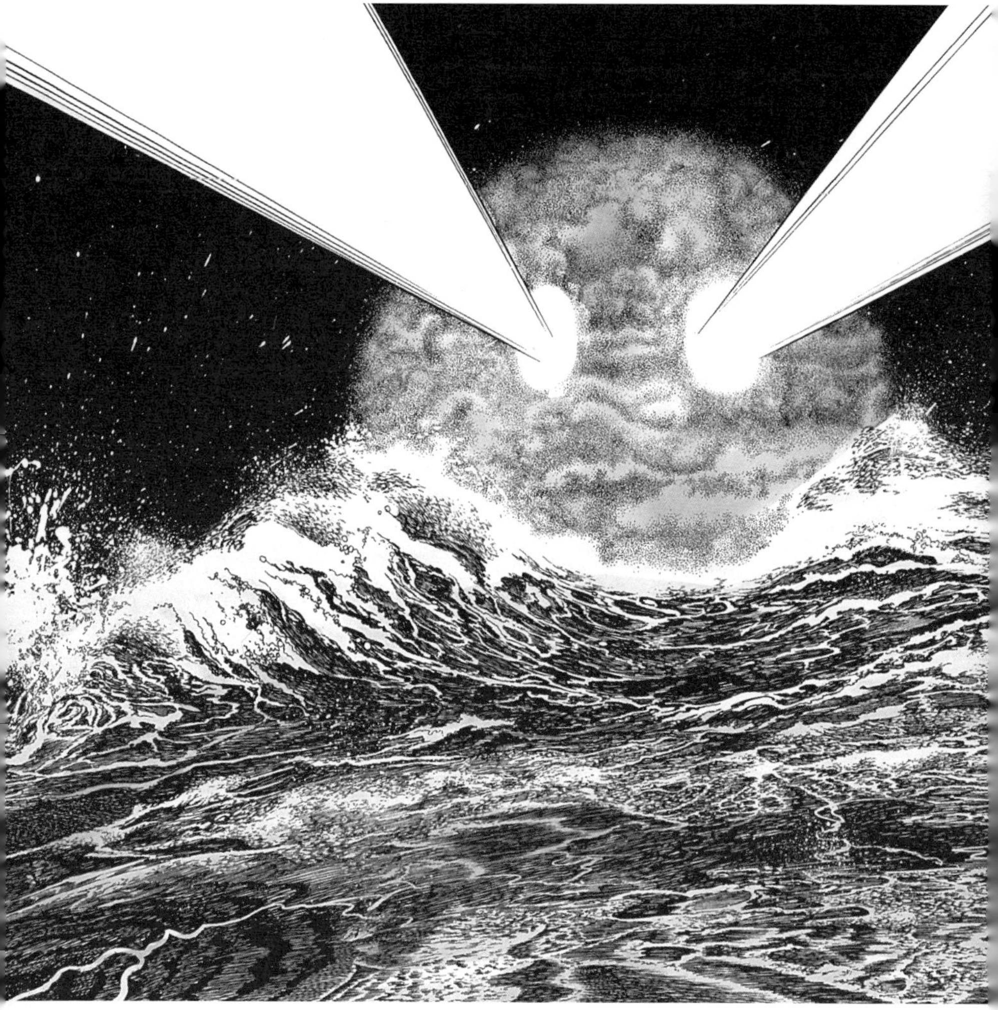

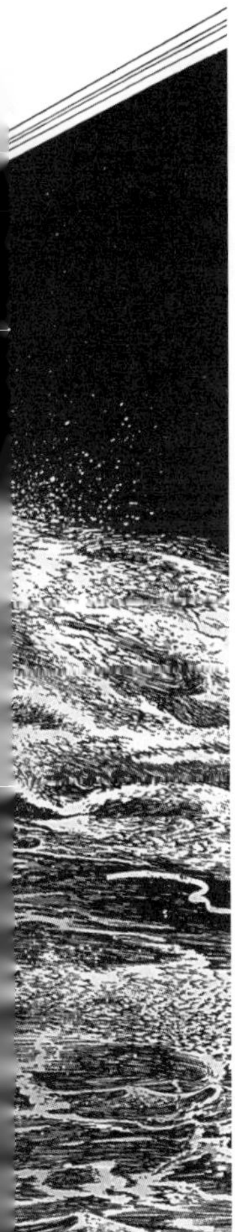

从前，有位客商坐船在南海航行。

入夜后，客商上床睡觉。不知何时，船中突然一片光明，客商以为已经天亮，起身一看时间，才深夜十二点。他不经意地环顾四周，竟看见海里有个巨大的怪物，半个身子露在水面上。

这个庞然大物屹立在海中央，俨然一座高山，双眼发出万丈光芒，犹如旭日东升，照得天地皆明。难怪客商刚才误以为天亮了。

客商向船夫探问，船夫也不知道这是什么妖怪。大家都趴在船舱里偷偷观察。没想到过了一会儿，妖怪竟然越变越小，渐渐沉入水中消失不见，天地瞬间又恢复成漆黑一片。

后来，客商到了福建，听到当地人议论纷纷，说是有一天半夜突然天光大亮，转眼又黑得伸手不见五指的怪事。他扳着手指数了数，发现怪事发生的时间正是在船上见到妖怪的那个夜晚。

苏格兰有一种名叫“伊特”的妖怪，形态变化多端。中国商人遇到的那个妖怪也和伊特一样，只是看上去骇人。见到“伊特”的人对它的描述也各不相同。

絛鳙

中国有许多引发洪水的妖怪，也有许多带来旱灾的妖怪。

带来干旱的妖怪统称“旱魃之神”,其中之一就是“傕蛹”。

傕蛹平时生活在水中，像一条全身金黄的长蛇，飞向天空时光芒四射。

据说傕蛹一旦现身，天下便干旱无雨。而它本身却能怡然自得地在水中游弋。

干旱猛如虎，和洪水一样，从古至今都是人类的噩梦，对政权统治者来说,更是多了一重威胁。如果庄稼没有收成，国家就收不上税，没有钱粮救灾，可能激起饥民造反。

古人认为这一系列灾难都是旱魃之神在捣鬼作怪。他们无力对抗神灵，只能祈祷大旱之神远离人间。

植物不结种,就什么都吃不上。干旱给古人带来的恐惧，是饱食终口的现代人完全无法想象的。

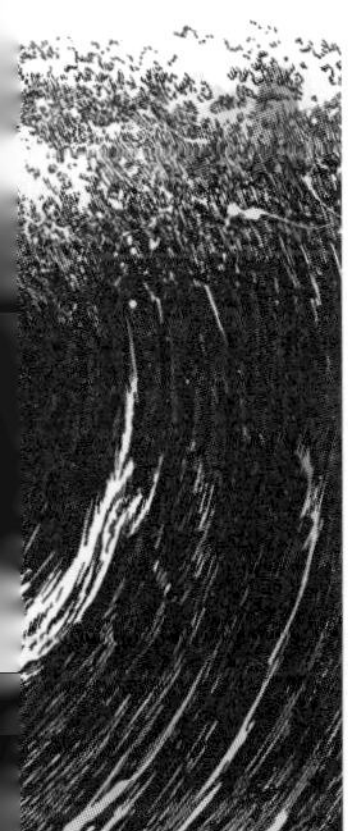

正是这种恐惧感衍生出了妖怪文化。记得小时候我最怕火灾，只要听说某个地方着火了，就担心不已，连晚霞看起来都像不祥之物。古代人能直接感受到干旱带来的痛苦，对干旱的恐惧也数倍于现代人。全村人议论着干旱的原因，许多奇妙的妖怪就在口口相传的过程中诞生了。从某种意义上来说，妖怪是一种“集体幻想”。现代人也许会认为它们荒诞不经，对于古人来说，却是一种真实的需要。

蛇怪

“蛇怪”生活在水中，身上长着像蝙蝠一样的翅膀。一旦发出尖叫，便会引发洪灾，附近的农田都会被洪水淹没。

蛇怪既能在水中遨游，又能在空中展翅飞行。

无论飞到哪里，只要尖叫一声，就能引来滔滔洪水。人们对这样神出鬼没的妖怪束手无策，只得祈祷它不叫。

除了这类和天灾有关的妖怪，中国的妖怪往往和信仰也有密切的关联。不如说有些妖怪的诞生是人们想借妖怪之名跟天灾达成和解，通过它去接触神秘的大自然罢了。

我曾在某个教科书出版公司与一位天资聪颖的男士交流。他通晓十个国家的语言，编写过法语、西班牙语和圭亚那语词典，还精通妖怪学。

他告诉我，像猿猴、大象这样形象鲜明的动物一般不会被妖魔化，而蛇、蚰蜒这样光滑溜平的动物，则自古被人赋予了妖怪的特质。遗憾的是，这位男士后来患上一种怪病，大脑日渐萎缩。一年后，再次见到他时，他已经有些痴呆魔怔了。之前与他聊天时我便想过：也许太过聪明的人本身就是一种妖怪。说不定天资聪颖的人本身就与怪病有某种说不清的关联。

因此，我总是一面觉得怪异，一面观察那些头脑聪慧的人。不，不是觉得怪异，是觉得有趣。

水神

贝州临清县有一渡口，名叫“妒妇津”，“津”是渡口的意思。好端端的渡口竟得了这么个名字，其背后有一个与妒妇有关的典故。

相传晋朝初年有个叫刘伯玉的人，一天，刘伯玉在妻子面前诵读起《洛神赋》，大发感慨：

“若能娶这样的神女为妻，当真死而无憾！”

《洛神赋》多方着墨，从容貌、服装、举止等各个方面，生动传神地描绘出洛神的美艳不可方物。

明光听了便说：“夫君为何青睐水神的美貌，轻视于我？我这就去死，一定要变成水神给你看看！”

当晚，明光便在渡口投河自尽。

在她死后七天的回魂之夜，伯玉在梦中见到明光对他说：“夫君不是喜欢神仙吗？我现在成了神仙了。”

她引着伯玉在半梦半醒间来到渡口，伯玉最终和妻子一样投河自尽。

和中国不太一样，日本认为来到河边就不由自主想投河自尽的情况是吊死鬼作祟。而中国的水神则像是幽灵和吊死鬼的结合体。

中国还有很多水神的故事，相当于日本传说中的龙宫公主。日本的水神代表则是河童或老翁。

中国境内湖泊众多，秀水如画，岸边杨柳依依。如此钟灵毓秀的地方，自然容易出现美丽的水神！

奔鲟

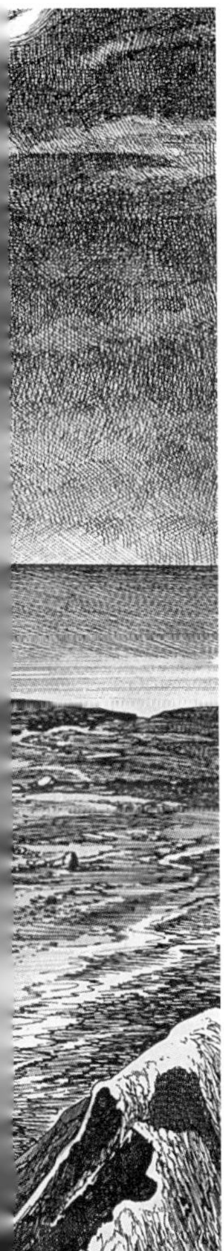

生活在大海里的“奔鲟”长得很像鲸鱼，体长二三丈，肤色像鲇鱼，头上有孔，但不像鲸鱼那样能喷水，只能喷气，奔鲟喷气是海上大风的先兆。也有人说，它喷气时会发出“哧哧”的声音。

这巨大的怪鱼有雌雄之分，性器官和人类的很相似。据说把它的幼崽放到岸上，幼崽会发出像婴儿啼哭一样的声音。西方有美人鱼，奔鲟也许是东方的人鱼。中国古老的传说中有一种说法，认为奔鲟是懒女人的化身。

据说杀掉一条奔鲟，能得到三四斛油膏，可以用来当灯油照明。若读书、纺纱时点灯，则灯光昏暗；若夜宴欢歌时点灯，则灿若星辰。

江户时代的版画中，有一种大如岛屿的鳐鱼怪。还有的版画上绘有大如鲸鱼的巨鱼怪，但似乎没有鲸鱼怪。

我曾在某少年杂志上画过“骨鲸怪”，那是因为我听说欧洲的版画家也画过同样的东西。

古人如果猛地一下子遇上鲸鱼这样的庞然大物，会本能地认为遇上了妖怪。鲸鱼一般生活在远洋深处，人们对它并不熟悉。

不过我在电视上看到鲸鱼那硕大无朋的身躯时，也觉得那就是名副其实的怪物。

中国古人从鲸鱼联想到妖怪，我也非常能够理解。

舟幽灵

“舟幽灵”在日本和中国的传说中都曾出现。

话说海南岛有个叫“鬼哭滩”的地方，常常发生诡异的事，吓得人们不敢靠近。据说如果行舟到此，浪尖上便会出现百余具光头死尸，争先恐后地追过来。它们不会直接加害于人，但船上的人必须不断投掷饭团，才能免于幽灵的骚扰。

浙江省四明地区有位商人郑某，一天晚上行船经过鬼哭滩，突然远远听到一阵钲鼓声响。他循着声音走到附近，发现来自一艘又高又长的大船，两舷坐着几十个人，正一边唱着号子一边奋力划桨。船速快如离弦之箭，与郑某的船擦肩而过时，却仿佛惧怕人类似的立刻潜入海中。不多时，又出现在郑某的船前面，很快便划远了。

船夫说那些摇橹的人都是溺亡之人的灵魂，遇见它们是大凶之兆。郑某从善如流，当即调头返航。

鱼头

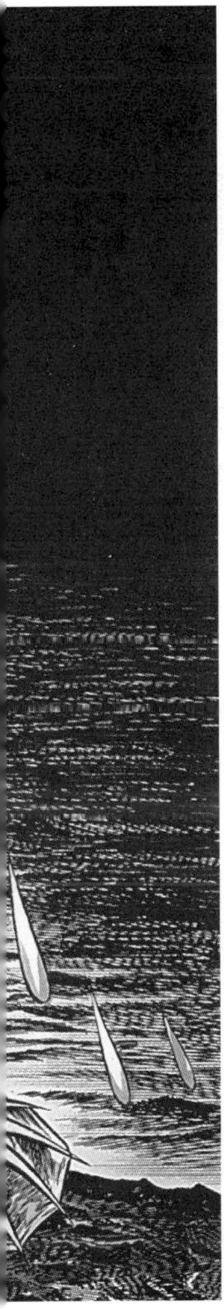

江苏镇江有位男子爱好舞鞭，一天晚上带着几分醉意出门，就在美丽的月光下尽情地舞起了铜鞭。

突然，有什么东西从河中飞了出来。仔细一看，竟是个鱼头人身的巨妖，掌如蒲扇，胳膊短粗，腿壮似柱。

男子吓得呆若木鸡，像被定住似的僵在原地。

男子担心妖怪突然发动袭击，防备了好一会儿，也没见对方有任何动静。他决定先发制人，舞起手中铜鞭，“啪”地甩向妖怪。

妖怪受到攻击，勃然大怒，鼻子发出呼噜呼噜的声响。

男子本欲大展身手、生擒妖怪，无奈妖怪身长二米，体格壮硕，只手擒妖谈何容易。他便顺势钻到妖怪肚子底下，用铜鞭狠狠抽打。

妖怪立即愤怒地闪到一旁。

男子也精疲力竭，躲到旁边的亭子里。妖怪追了过来，却因为体形过大，卡在外面死活进不去。

于是，妖怪用蒲扇般的大手拼命摇晃亭子，亭子眼看便摇摇欲坠。

这般酣战中，天光大亮、雄鸡报晓。妖怪一下子成了泄气的皮球，慌忙潜回水中。

男子这才松了一口气，回家去了。

江豚

“江豚”的身体大如鲸鱼，全身长满绒毛。平时栖身在长江，时常出没在风波里。

每当江面刮起西风，江豚便三五成群聚到一起，在江中嬉戏，掀起千尺巨浪。

渔民则对西风特别敏感，因为成群结队的江豚会带来翻江大浪，妨碍他们捕鱼。

一天，五艘船乘着西北风，自桐城方向顺流而下，如箭一般飞驶而来。

呼啸的强风和海水碰撞，激起如山高的大浪。巨浪里的船一会儿被托向浪尖，一会儿又被抛下浪底，随着波浪飘来荡去，忽上忽下。

突然，船好像被什么东西顶出了水面，高耸如一堵墙，横着向一旁歪倒下去。船夫当机立断，砍断帆索。不料此时船好像又撞上了什么东西，触礁了。

后来才知道，原来这都是江豚在下面捣鬼。

江豚就这样躲在水下作弄渔船，从不在江上现身。

如果江上风浪太大，最好不要出航。因为波涛汹涌之际，往往就是江豚出现之时。

陵鱼

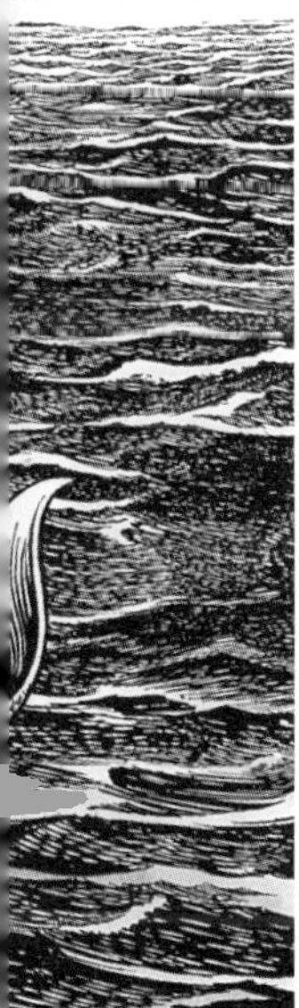

中国有许多人面兽身的妖怪。它们长着人的面孔，身体却是野兽或人鱼的样子。

“陵鱼”也是古代传说中的这类妖怪，但它的特别之处是鱼身上长着和人一样的手脚。

据亲眼见过陵鱼的人说，当时他坐着一艘轮船在海上航行，远远看见海里好像有人在游泳。

他以为有人掉进海里，便冲着远处大喊，但对方毫无反应。他又叫来船上的同伴，齐声呼喊：“喂！你怎么啦？”

仍然没有任何回应。这时，有一位船客突然开口。

“那边的活物名叫陵鱼，是一种大海里的妖怪。虽然人鱼怪很多，像英水赤鱬，还有阳水化蛇，但只有陵鱼有手有脚，跟人最像。”①

陵鱼的外形比人鱼更加原始，从脖子到尾巴都覆盖着鳞片，头上还长着两只角。在《山海经》的时代，陵鱼基本上还保持着如此样貌，后来渐渐女性化，只有脚上还残留着鱼鳞。到了江户时代末期，甚至出现了人鱼上街，请梳发店的店员帮忙梳头的故事。

陵鱼从海里登上荒无人烟的陆地，辗转来到繁华的江户。鱼鳞逐渐脱落。

从这点来看，陵鱼称得上是人面兽身的妖怪始祖了。

①英水赤鱬、阳水化蛇均为《山海经》中的妖怪，赤鱬状如鱼而人面，栖息于英水；化蛇人面豺身，鸟翼而蛇行，栖息于阳水。

大黑龙

中国人自古就把呼风唤雨的龙视为水神，龙的传说和种类都有许多。有黑龙、黄龙、白龙或秃头龙等。据说原先黑龙江里住着一条为非作歹的白龙，自从名叫“秃尾巴老李”的黑龙赶走白龙后,水就成了黑色,这就是黑龙江得名的原因。

秃尾巴老李出生在山东掖县。那天风雨大作，母亲看到生下个浑身漆黑的怪物，当场吓昏过去。外出归来的父亲抓起一把铁锹，把它的尾巴切成两段。黑龙被剁掉尾巴根，在电闪雷鸣中逃向东北，一头扎进黑龙江。因为尾巴断了，所以人称“秃尾巴”，又因母亲姓李，故叫“老李”。老李的老家在山东，往来黑龙江的船只中，总会优先保障山东人的生命安全。

原先驻守此地的白龙长期危害一方，洪水肆虐，民怨沸腾。秃尾巴老李赶跑了白龙，老百姓才过上了安稳的日子。

中国云南的白族中，还流传着小黄龙大败洱海大黑龙的故事。相传以前大理附近的小村里，住着一户有钱人家。一位年轻的婢女在河边洗菜时，水中漂来一颗绿桃，婢女捡起吃了。其实她吃下的是龙珠（龙颚下的珠子）。不久她怀孕了，被撵出家门，在一间草棚中生下一个小男孩。母亲忙于割草讨生活，顾不上孩子。但孩子一哭，就有一条大蟒蛇爬到田边给他喂奶，男孩就这样吃着蟒蛇的奶长到三岁。

当时，洱海之主大黑龙时常祸害百姓。没想到这个三岁的小男孩竟自告奋勇地接下了降服妖龙的任务。他戴上铜盔，套上铁爪，跳入水中，顷刻间化作一条小黄龙，与大黑龙缠斗到一起。几番恶战，终于赶跑了大黑龙。只是，小黄龙制服大黑龙后，再也没有变成人回到岸上。

毒蛇龙

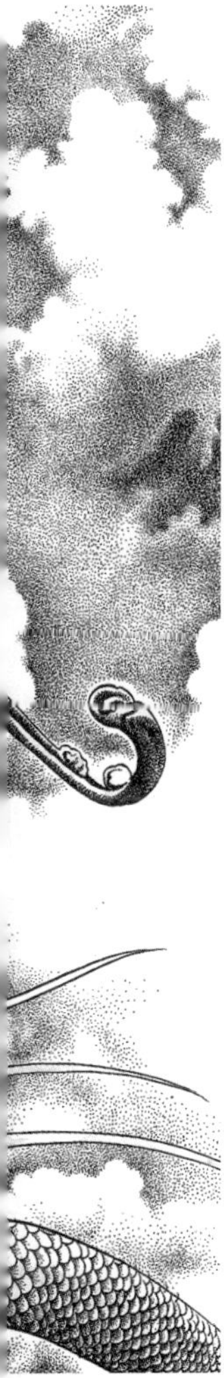

现在新疆维吾尔自治区的库车县，在古代被称为龟兹国，那里曾经发生过这样一个故事。

一个富商从集市上买来的一大批金银财宝，在某个夜晚突然不翼而飞。破财的不仅是富商一人，城里数百户人家的财产也统统被一卷而空。

龟兹国的国王名叫“儿”，听说此事后，觉得案件绝非普通盗贼所为。国王有个出家的儿子已修得阿罗汉果位，便向他打探消息。儿子回答：元凶是北山上的一条龙，它虎头龙身，样貌奇特。现在正在某个地方安睡。

国王准备停当，决心亲自出马，斩妖除魔。当然，他是微服出巡。

国王赶到龙的老巢时，妖龙还在睡觉。国王抽出宝剑正要斩杀，突然闪过一个念头：现在砍了它的脑袋，就无法显示我的神力了。

于是，他大吼一声，将龙叫醒。妖龙惊醒后，立刻变成一头狮子，国王飞身骑在狮子背上。妖龙震怒，引来滚滚巨雷，踩着雷电飞到空中，躲到城北二十里外。国王威吓道：“妖孽再不投降，我就砍下你的脑袋！”

龙见识了国王的厉害，知道他绝非凡人，便开口求饶。

“请您高抬贵手，饶我一命吧！我愿意当您的座驾，随叫随到，驮着您火速赶往任何您想去的地方。”

国王同意了。据说从此以后他无论去哪儿，总是骑着这条龙。

龙车

扬州有一官吏名叫顾球，姐姐十岁时生了一场怪病，此后久久不愈，到了五十多岁还未见起色。顾球请郭璞为其姐卜卦，占得大过之升卦。

郭璞告诉顾球，书上对此卦象的解释是："大过之卦含义不佳，指坟上的枯杨树不开花，游魂晃动龙车现。卦主将蒙重灾，受妖蛇之害。究其根源，是顾家先人伐树斩杀灵蛇之过。这不是你姐姐的过失，而是先人留下的罪过。卦象既已如此，我也无能为力，只能把卦辞中的实情讲给你听。"

顾球几经查证，终于知道了家中曾经发生过什么。

原来顾球的父亲曾砍伐过一棵大树，还杀死了从树上窜出来的一条大蛇。蛇死后，顾球的姐姐就一病不起。

据说姐姐发病时天象异动，有几千只鸟在顾家屋顶上盘旋。一位乡里的农夫经过他家，抬头看见一条龙拉着一辆车腾空飞去。龙与车五彩斑斓、金光闪闪、巨大无比，顷刻之间便消失不见。

这是《搜神记》中记载的一则故事，名为"妖蛇作祟"。五色龙拉车腾空而起的雄姿是故事中最精彩的部分。故事本身讲的是杀生的罪过和蛇的报复。

鼓

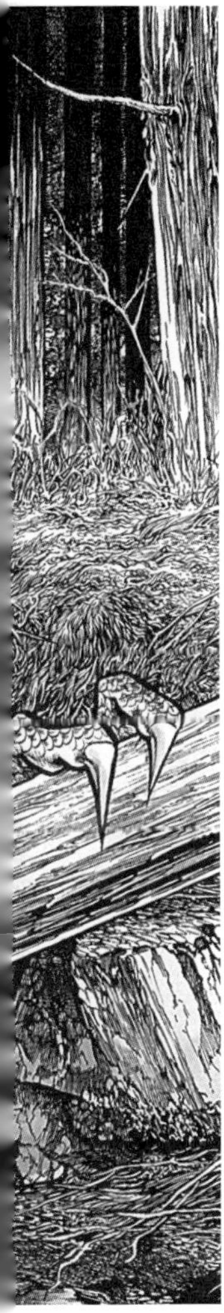

钟山之神有个儿子名叫“鼓”，人面龙身，天性好酒。

钟山之神没有溺爱儿子，鼓却借着山神之子的名头，在山中为所欲为。一天，它伙同一头名叫“钦䲹”的幻兽，闯进村庄杀了人，被天帝严惩。

鼓在山里我行我素惯了，来到村里依然为所欲为，最终前程尽毁，堕落成魔。

那钦䲹体形像雕，虎爪红喙。传说此凶鸟一出现，就会引发大战。

鼓的父亲钟山神名为“烛阴”，它创造了白天、黑夜和四季，和太阳神相当。

相传烛阴睁眼视物就是白天，闭眼休息就是黑夜。一呼一吸，人间便是一冬一夏。

它平时几乎不饮不食也不呼吸，身形如巨蛇，身长八百里。

它是不折不扣的上古天神。但不知是不是父亲伟大过了头，儿子反而落得身败名裂的下场。

日本江户时代画家鸟山石燕的作品《百鬼夜行》中，也描绘了烛阴的形象，把它画成了一条老龙。

我读过一本名叫《山神研究》的书，书中写道：日本的山神几乎都以女人的姿态出现，而且大多样貌丑陋。我还听说，若男人进山遇到山神，只要亮出那话儿讨得其欢心，便可逃过一劫。

白泽

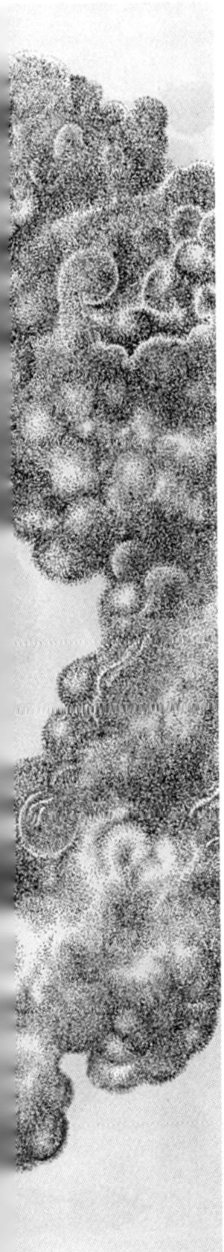

“白泽”口吐人言，通万物之情，晓天下万物状貌，是知识渊博的妖怪。

传说黄帝去全国各地巡游时，抓住了会说人话的白泽，它详细交代了天下所有妖魔鬼怪的情况。

黄帝命人将这些信息记录下来，一一配上图案，告示天下。

中国的鬼怪就是这样被揭开神秘面纱的。

“滑头鬼”是日本妖怪的总头目，白泽很可能是统率中国妖怪的首领。

毕竟黄帝发问时，白泽供述了一万一千五百二十种妖怪，这些妖怪的图像被装订成册，统称《白泽图》，一直流传至今。人们一遇到怪物，就会按图索骥，揭穿鬼怪的真面目。

江户时代画匠鸟山石燕所绘的《百鬼夜行》中，也有很多取材于此。

从前我看百鬼夜行图，总觉得那些不像是日本妖怪。读过《山海经》后，才知道它们来自中国，怪不得和我熟悉的日本妖怪不大一样呢！从形态来看，它们应该是妖怪的祖先吧！

不难看出，古人假借妖怪的形式，逐一解释了天地宇宙中的一切不解之谜。

麒麟

中国自古认为，麒麟出没处，必有祥瑞。它的出现预示着太平盛世的到来。

麒麟的外貌兼具鹿和龙的特点，相传是鹿和龙交配而生，一千年才出现一次。

麒麟在日本也是家喻户晓。这头来自中国的吉祥物被认为能带来好运，带有麒麟图案或造型的物品在日常生活中也随处可见。

在日语中，“麒麟”和“长颈鹿”的发音完全一样，不过这可是两种完全不同的生物。

曾有一位日本男子声称亲眼见过麒麟。

那名男子家住东京本乡五丁目，一天在阳台上晒衣服，无意间抬头看了看万里晴空，突然发现从东边飘过来一个东西，离自己的房子越来越近。

那东西近在咫尺，男人发现它似乎和麒麟很像，忍不住兴奋地大叫起来，只可惜他身边一个人也没有，无法分享这份惊喜。

无奈，他只好独自一人目不转睛地观赏，直到“麒麟”慢慢消失在西方。

如果他见到的真是麒麟，那绝对是千年一遇的神奇经历。

传说麒麟寿命很长，能活两千年。

中国天狗

“天狗”敢在大白天出现，既不怕光也不怕火。虽有翅膀，却不顶用。通常是骑着野猪，摇着团扇，在空中飞行。那野猪也非同一般，目光如电，獠牙粗大而尖利。

天狗在日本是妇孺皆知的妖怪。日语中的“天狗”一词也源自中国。平安时代，人们认为天狗是流星或鹰幻化而成的妖怪，能附到人身上，并且预知未来。

日本经常有天狗拐走小孩的故事，还有“天狗倒”（山里听到大树哗啦啦倒下的声音）“天狗砾”（不知从哪里飞来的小石块）等词语，形容天狗用邪术在人间作怪。在中国却从未听说过类似的传说。

日本人从古至今都很喜欢天狗，有关天狗的传说简直如恒河沙数。其中和修道有关的传说最普遍，比如“太郎坊”“次郎坊”“大山”“羽黑山”等等。[1]

日本著名思想家平田笃胤对天狗颇有兴趣，留下了许多天狗的研究资料。据说，天狗行动迅速，来无影去无踪，经常掳走车夫或天真无邪的孩子，去往陌生的森林或城镇。

其中一些关于异世界之旅的故事荒诞不经。比如前面提到过的车夫被天狗带到大阪后，领到许多香烟，一辈子都不愁没烟可抽。也有些传说很写实，仙童寅吉的故事就发人深省。[2]

听到这么多天狗的传说，我觉得说不定真有奇妙的“天狗现象”存在呢！

①“太郎坊”“次郎坊”“大山”“羽黑山”都是日本广为人知的天狗名字。

②传说寅吉自幼能预知未来，七岁时出门玩耍，被天狗化身的老人拐到山中，白天学习占卜之术，晚上送回家中。

毕方

“毕方”是中国章莪山上的兆火之鸟，传说它“毕方、毕方”地叫着飞到哪里，哪里就会出现怪火。

毕方外形如同独脚仙鹤，喙为白色，羽毛蓝色，夹杂着红色斑纹。因为叫声似“毕方”而得名。

毕方虽能引起妖火，但一般火势很小，只要扑灭及时，就不会酿成大灾。

中国也有能灭火的妖怪。妖火的出现和消失，可能是妖怪之间在进行妖术竞赛吧。

从某种角度上来讲，中国的群山可谓是妖怪们生存竞争的角斗场。

毕方体形比人还大，嘴喙锋利，威风凛凛，看起来十分有气势。它也源自《山海经》，但普通人是很难有机缘遇到妖怪的。

京都宇治有座宏大的寺院名叫万福寺，一开始我觉得万福这个寺名有点儿贪心，后来才知道原来这是座中国寺庙，好像是从前由中国僧人带来的中国工匠修建而成的。

京都的宇治茶，据说也源自万福寺僧人从中国传来的茶道。

茶能静心。深夜若在山里喝茶，安静下来，说不定能遇上妖怪。

不过任何人来到黑咕隆咚的深山老林都会胆怯，就算妖怪发出“毕方、毕方”的叫声，友好地跟人打招呼，估计那人也浑然不懂，说不定还会祈祷老天保佑，千万别撞上妖怪呢！

魋雀

“魈雀”是一种吃人的怪鸟。其状如鸡，白首鼠足，利爪如虎，一把就能把人掳走。

《山海经》中没有介绍魈雀的体形大小，不过既然一把就能把人掳走，应该是高大威猛的。《山海经》描述的中国群山之中，深藏着五花八门的奇禽怪兽。

比如魈雀所在的北号山上，还有一种妖怪名叫“猲狚”。

据说猲狚长相像狼，叫声似猪，也是吃人的妖怪。

叫声像猪的妖怪并不多见。

我以前一直以为猪和妖怪无缘，在《山海经》中见识了不少发出猪叫的妖怪，才明白自己原来的想法错了。

比如，在日本的庵美大岛和冲绳一带，就有“耳无豚”和“片耳豚”两种猪妖,四处作乱,惊吓女性,让人不敢小瞧。

《西游记》里不仅有孙悟空，还有猪八戒。八戒可是货真价实的猪妖，只不过它可能不是家养猪，而是野猪。

冲绳岛上有种妖怪叫“火样”，跟魈雀一样，也长得像鸡。不知为何也与火息息相关，相传一出现就能引发火灾，可能是受到了中国妖怪的影响吧！

相传日本江户时代，有一种妖怪名叫“波山”，又名“婆娑婆娑”，长得也像一只巨大的鸡。日本爱媛县的四国伊予地区，大人只要说:“再哭‘婆娑婆娑’就来啦！”哭闹的孩子就会安静下来。波山的出现大概也是受到了《山海经》的影响吧！

大概在十五六年前，我还一直不明白，为什么世界上会有鸟类妖怪。

颙

“颙”长得像猫头鹰，只是有一张人脸，四只眼睛。

颙生活在中国的令丘山，山上寸草不生，到处都是野火。颙极少现身人世，一旦现身，则天下干旱，因而成了人见人厌的凶兽。

令丘山向西四百里，有一条黑河自北向南奔向大海，河中有许多鱄鱼，乍看似鲫鱼，却通体覆盖着毛发，发出的声音像小猪哼哼。据说鱄鱼和颙一样，也会带来大旱。

中国南方还有一种名叫“⿰鼠叚”的妖怪，它在哪里出现，哪里就会发生严重的旱灾。⿰鼠叚长得有点像人，体长二三尺，眼睛长在头上，常缩着肩膀，行走如风。

碰到别的妖怪，人类也许毫无办法，对付⿰鼠叚引来的灾难，还是有办法的。

据说⿰鼠叚常常一大早就出现在集市上，东窜西跳，很容易觅得行踪。这时一把将它抓住扔进厕所，⿰鼠叚一死，旱灾就能消除。

带来旱灾的妖怪不止颙、鱄鱼和⿰鼠叚这三种，所以各地的旱灾总是此起彼伏，绵绵不绝。

跂踵

“跂踵”是独脚妖鸟，长得像猫头鹰，却拖着一条猪尾巴。它出现的地方会爆发大规模的瘟疫，人畜死绝，惨不忍睹。

听说直到最近，中国人都相信独脚妖怪会带来瘟疫。还有一种说法是，独脚疫病鬼会在除夕夜和诸多神仙一起下凡，到人住的地方传播疫病，所以人们一到除夕，就会早早放下寝室的幔帐，把疫病鬼挡在外面。

在缺医少药的古代，无论在哪个国家，瘟疫都是很可怕的，一旦蔓延，便无药可救，只能隔离病人、焚烧尸体。

中国有许多传播疫病的妖怪，人们一直在跟妖怪带来的疫病苦苦抗争。

引起疫病的妖怪也不止跂踵一种，住在东方太山的“蜚”也是传说中的灾兽。一旦现身人世，天下就会瘟疫横行。

在瘟疫面前，古人束手无策，只能祈求神灵保佑。

中国的鬼神妖怪一般都具有善恶两面性，比如“疫神”“厄神”“痘神”等等。传说它们既是在民间传播瘟疫的恶鬼，又是消除疫病的神灵。所以我们经常能在寺庙中见到那些凶神恶煞、面目狰狞的恶鬼像前供有香火。

跂踵可能就是这些魔神的上一阶段。

鵸

柜山毗邻流黄，山上有一种怪鸟，名叫“鴸”，人面鸟身，也就是所谓的人面鸟。

中国的传说认为此鸟不祥，所到之处，必然有人被流放。

最近，人面狗和人面鱼的故事在日本广为流传，却没听说过人面鸟的传说。

更何况在中国，妖怪的出现常被认为是不祥之兆，没见过人面鸟反而是件好事。

中国古人从鬼怪们奇妙的身姿中想见自己未来的命运，终日惶惶不安。

从古至今，无论是在中国，还是在日本，命运多舛的人数不胜数。人们甚至认为不幸才是生活的常态。

古人时时担心陷入饥寒交迫的困境，心生恐惧，幻想出各种带来不幸的妖怪。饱食终日、安居乐业的现代人很难产生共鸣。

一万年前，地广人稀，人们普遍过着类似新几内亚地区的原始淳朴生活。我去中国参观过商朝时期的文物，惊讶地发现它们和新几内亚人的生活用具出奇地相似，无论纹样还是颜色都是如此。

酸与

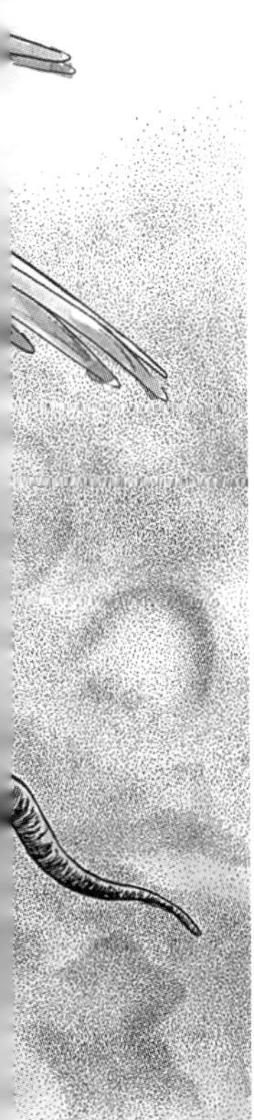

有些妖怪出现在哪里，哪里就会有恐怖的事情发生。

“酸与”就是其中之一。说它是妖怪,其实更像一只怪鸟，长着六只眼睛、四只翅膀、三只脚，相传常在发丸山附近出没。

身上长着鱼鳍的“朱獳”也是一种不吉利的凶兽，据说它出现在哪里，哪里就会有惨绝人寰的事件发生。朱獳生活在寸草不生、大蛇出没的耿山。

日本的妖怪大多在特定的时间、特定的地点出现。而中国的妖怪行踪则并不固定。

另外，倘若遇到了日本妖怪，基本可以预见到相遇的情景和应对的方法。而中国妖怪，以酸与为例，往往行踪不定、变化多端，大部分人都会晕头转向，无法掌控局面。

酸与源自中国的古书《山海经》，大概是尚未进化、在荒无人烟的地方出没的妖怪“原型”。

随着时间的流逝，妖怪们逐渐走出深山，踏入人类的生活圈，神秘莫测地出现在我们身边的各个角落，时而给人世间增添一份奇妙的气息。

䲹

“鸓”是翠山上的神鸟，具备避火、镇火的灵力，广受尊崇。

鸓有双头四足，看起来像是一对，其实是双生共体。

鸓鸟展翅的模样蔚为壮观，火灾发生时，若有鸓鸟现身便能转危为安。虽然眼见着火要烧到它的羽毛，但它扇扇翅膀就会大风四起，就像有水浇在上面似的，一会儿火就灭了。

所以，鸓成了人们心中的灭火能手，但它行踪不定，并不是每次发生火灾时都会出现。

西边的符禺山里有一种名叫“䳋”的神鸟，也有辟火的本领。家里若是养了这种鸟，就可以永绝火患。

传说日本的“座敷童子”能带来福运，家中有它就能兴盛，没它就会败落。看来䳋也有同样的特点。

日本人把“地震”“打雷”“火灾”“严父”视为四大恐怖之事，火灾排在第三，足见人们对它的忌惮。这样的御火神鸟在人们心中自然是珍贵而稀奇的。

日本也有与妖鸟相生的怪火，为何鸟与火之间会有这样的联系呢？我曾经想不通这个道理。后来我想，既然中国就有跟火有关的鸟，类似的鸟在日本出现，也就不足为奇了。

鸟徯与蛮蛮

据说“凫徯”现身是战乱发生的征兆。

这只凶兽住在鹿台山，相传山上有数不清的银钱。凫徯一出现，就会引发大战。凫徯的身体酷似公鸡，却长着一张人脸，眼神犀利，像是随时准备投入战斗的勇士。

生活在崇吾山上的“蛮蛮”据说是洪水的象征。一旦现身，就会发大水。蛮蛮天生只有一扇翅膀、一只眼睛，只有雌雄配对，相互依偎，才能比翼双飞。崇吾山上还生长着一种树，树皮黑色却开着红花，吃了此树的果子就会子孙满堂。

凫徯和蛮蛮都源自《山海经》。

我乘船沿新几内亚的塞皮克河漂流时，总听到当地的部落居民在聊：那棵树上住着精灵、这条河里藏着蛮蛮之类的东西。而且大家异口同声，还能描述出它们的样子。对当地人来说，早已经习惯和妖怪朝夕相处，自然见怪不怪了。

人烟稀少的大森林有妖怪出没，这大概是再正常不过的事情了。再往内陆走，当地人建了许多精灵堡，里面住着各种妖怪和祖灵，完全就是一个精怪世界。

三十多年来，我一直对观察妖怪抱有浓厚的兴趣，只消看上一眼，就能知道妖怪的种类（这是最近才修炼出的神功）。但比起住在这里的人们，我对妖怪的灵敏度还差得很远。

如果有机会，我也想去妖怪之国，亲自体验一下“有妖怪是家常便饭”的心情。

商羊

每当赤地千里、大旱降临，日本人就会通过特殊的仪式，向神灵求雨。而中国古代的农民则会让一种叫“商羊”的鸟到河边喝足水，然后像下雨一样将水喷洒到干涸的田里。换句话说，人们不是一味地祈求上天、依赖神灵恩赐，而是巧妙地利用某种力量来达到目的。帮人们完成农田灌溉的，就是商羊。

小孩子一看到商羊，就皱着眉头喊：“打雷啦！下雨啦！商羊又来啦！”一边喊一边单脚跳着——因为商羊只有一条腿。

日本的独脚妖怪，多半具有神的性格，也被大家视为神灵膜拜。中国的商羊多半也是一样。历史学家说，古时候，曾有过这样一个故事。

有位术士驯养了一只商羊，平时总是老老实实地立在术士的衣袖上，由人带着它走。突然有一天，商羊飞到齐国太子的御座前翩翩起舞，太子很奇怪，立刻向孔子请教。

孔子说：“这说明整个国家都将面临商羊引来的洪灾。我们必须尽快修理沟渠、修筑堤坝。”

太子立即采信。

不久，果然大雨滂沱、洪水泛滥，只有齐国提前做好了准备，逃过一劫。

中国还有许多因圣人之言使百姓免于灾祸的故事。最开始，阴阳师就是从动物的异常行为中推算即将发生的灾祸，并拿出相应对策的。

鳛鳛

“鳛鳛”长着鱼的身子，又有一对翅膀。在中国，人们常常用鳛鳛来辟火。它口中含着大量的水，一旦发现火灾，喷水就能轻松灭火。它身上长着鳞片，会闪闪发光，夜间也能自在飞行。

鳛鳛很少单独行动，总是雌雄相伴，出双入对。雄性的体形更大，储水量也多。

鳛鳛也被称作幻鱼，据说吃了它的肉就不会生黄疸。

它虽是妖鱼，对人类却大有裨益，在中国的妖怪中是不可多得的。

所以从某种意义上来讲，鳛鳛绝非凶兽，而是难能可贵的稀有鱼类。

鳛鳛长着十只翅膀，乍看像鸟，其实从它的名字也能看出，它是不折不扣的鱼，平时栖息在大山的深涧之中，发出的叫声与喜鹊相仿。

很少有鱼住在山中，而且长着翅膀、会飞，还能灭火，简直是神一般的存在。

中国古人的想象力实在太丰富了，居然能幻想出隐居深山的飞鱼怪，真是妙想天开呀！

为什么中国人总是把鸟与火联系到一块儿呢？这个问题，我一直没想明白。

这其中一定藏着什么不为人知的秘密吧！

旱魃鬼

传说“旱魃”通常出现在空中。中国古书里记载过一个射旱魃的故事。

浙江临安山中有一深潭，水雾蒸腾形成的幻影酷似蛟龙，故百姓唤其为“龙湫”，视之为圣地。

乾隆五十年（1785 年）秋天，浙江大旱，临安山地大片稻苗枯萎，村民纷纷到龙湫求雨，很快乌云翻滚，眼看就要下雨。不料片刻之后，云气四散，天空红彤彤一片，渴求的甘霖一滴也没落下。村民仍然拼尽全力，每日都来求雨。

此时，有一对以打猎为生的兄弟听说大山附近有老虎出没，便带着毒箭来到这里。恰逢风云突变，天要下雨，二人赶紧躲到岩石背后。

不料，山岩间的石洞里突然窜出一个妖怪，外表像人，却是单足，遍体赤红，长发及地。那妖怪向空中长长呼出一口气，仿佛赤黄彩练凌空舞，硬生生地把遮天蔽日的乌云吹散了。不一会儿，乌云从四面八方再次汇拢过来，妖怪又像刚才那样吐气，天上又一次烟消云散。

兄弟二人目睹全程，终于明白妨碍下雨的罪魁祸首是谁，惊怒交加。哥哥张弓放箭，射中妖怪大腿。妖怪中了毒箭，倒地挣扎，哥哥乘势拔刀砍在它的脚上。妖怪没有立刻死去，但毒素慢慢散遍周身，终于不再动弹。兄弟两人仔细观察，发现它额头上只有一只眼睛，一张大嘴一直裂到耳朵边上。

兄弟二人随即下山，把好消息告诉村民。有位博学多才的人说，被射杀的妖怪应该是旱魃鬼，既然它死了，雨水马上就会来。果不其然，喜雨不一会儿就瓢泼而下。

夜叉

“夜叉”是一种恶鬼，据说它常在空中飞行，吸食人的血肉。不仅如此，中国还流传着夜叉抢夺民间女子为妻的故事。

一位姑娘失踪多年，有一天突然自己回家了，还声称自己是被夜叉抢走的。

那天晚上她正熟睡，突然被一只大手从床上掠走，天亮后发现已经身在一座古塔之中。

一位美貌的男子走过来对她说：“我是天上的仙人，天赐良缘注定要与你结为夫妻。等到夫妻缘尽，自然放你离开，所以无须害怕。但你万万不可向外偷看。”

姑娘答应下来。就这样，几年过去了。

一天，姑娘趁男子出门时偷窥了一下外面，只见那俊若谪仙的男子突然摇身一变，露出夜叉原本的模样：火红头发，靛蓝皮肤，耳大如驴。

姑娘吓得面如土色，浑身直冒冷汗。夜叉知道自己的真身已被窥破，苦笑着说：“实话告诉你，我原本是夜叉，因与你有缘，才娶你为妻，并不会伤害你。”

自那日起，姑娘却害起了思乡病，每天盯着塔外看。

终于有一天，夜叉突然哭着对姑娘说：“看来你我缘分已尽。等风雨来了，我就送你回家。”

话音刚落，雷雨大作，夜叉将姑娘平安送回了家中。

据说夜叉身高一尺，穿着豹皮裤，锯齿獠牙，披头散发，相貌着实令人生畏。然而这个故事中的夜叉却彬彬有礼，好似谦谦君子。

飞天夜叉

有一次，寺庙里举行盛大的法会，表演了许多杂技。

只见一个十岁的孩子正在竹竿顶上表演着各种惊险动作。突然，空中闪过一个像是老鹰的黑影，一把将孩子掠走，消失得无影无踪。

众人大惊失色，立即停止法会，到处寻找孩子的下落，却都空手而归。

几天后，在一座高塔顶上终于发现了孩子的行踪，孩子的父母将他救了下来。

不幸的是，救回来的孩子变得又呆又傻，任凭人们怎么询问，他都毫无回应。

几个月后，孩子终于能开口说话了。问他发生了何事，他说是被长得像寺庙壁画上“飞天夜叉”的妖怪带走的，但那夜叉心肠并不坏，每天都给他送食物吃，还对他呵护备至。

孩子的父母忧心忡忡，好在又过了十几天，孩子就完全康复了。

还有一种说法，认为飞天夜叉形如蝙蝠，头像驴子，翅膀像展开的草席。

传说一个男子路过一片瓜田，看见飞天夜叉正在啃食西瓜，由于飞天夜叉的模样着实骇人，男子吓得拔腿就跑。

一般的夜叉是指在村里出没的恶鬼，而这只夜叉长着翅膀，能在空中飞行，所以才被称作飞天夜叉吧！

母夜叉

“母夜叉”深谙人性弱点，精通八种声色，擅长八种变化，喜食人肉、迷惑男子。本是无恶不作的恶鬼魔神，后来受佛祖感化，受戒成为护法神。

据印度密教记载，夜叉是魔神的一种，它们形状各异，常常会变幻成狮子、老虎、象、马、牛、鹿、骆驼的模样出现。时而头大身小，时而腹部赤红，时而一头二面、一头三面或四面，时而长着狮子般的鬃毛，时而又是独眼，伸着长长的獠牙，嘴唇耷拉着垂下。模样千奇百怪，个个令人生畏。

母夜叉不但吃人肉，还喜欢吃人的胚胎。据说在男女交欢时，母夜叉会吸走男子精气，阻挠女子怀孕。纵使侥幸怀孕，一两周内母夜叉也会来吃掉母胎，令孩子不能出生。即使母亲怀胎十月，孩子临盆时也会被母夜叉夺走性命。

“鬼子母神”在日本是妇孺皆知的守护神，传说能保佑孕妇顺利生产、孩子平安长大。可它原身是印度摩竭陀国的夜叉，自己虽然生了五百个孩子，还天天要吃百姓家的儿女。中国人将它的梵文音译为“诃梨帝母”，日本则意译为“鬼子母”。不论是印度的夜叉，还是中国的夜叉，都是一本同源。

传说后来，鬼子母听了佛祖释迦牟尼的劝谕，幡然悔悟，皈依佛门，转生为儿童的保护神。

夜叉国

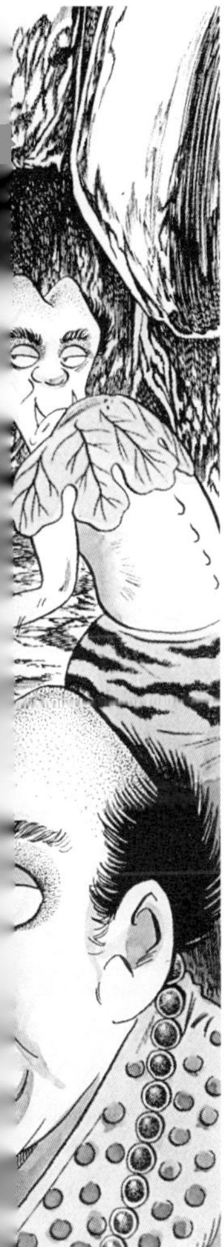

从前有位男子混入过夜叉之国。

男子是交州（现今广东、广西以及越南交界处）的一位徐姓商人。一次，他乘船出海，不幸遭遇大风，船被吹到一个不知名的地方，那里山峰绵延，草木葱茏。徐某将船拴好，背着干粮和肉，上岸寻求帮助。

徐某走进山里，见两边悬崖上，密密麻麻地排列着许多洞口，远看像蜂窝一样。洞里隐隐约约传出声响，徐某来到洞口，偷偷往里一瞅，里面居然有两只夜叉，龇着两排白森森的大尖牙，瞪着灯笼般的双眼，正用爪子撕生鹿肉吃。徐某吓得魂不附体，急忙返身要逃。可惜为时已晚，被夜叉发现，抓进了洞里。

徐某不断求饶，但夜叉似乎听不懂他的话。徐某将身上的干粮和肉脯献给夜叉，它们大喜，网开一面，没有对徐某动粗，却始终不肯放他走。徐某只好老老实实住下来，和夜叉们一起生活。不久后，夜叉们分给他一只母夜叉当妻子，让他正式成为夜叉国的居民。

就这样，徐某跟夜叉一起生活了四年多，母夜叉还给他生了两只公夜叉和一只母夜叉。这三个孩子长得跟人类一模一样，一点也不像是夜叉所生。夜叉们十分疼爱徐某的孩子，就这样又过了三年。

一天，徐某带孩子到海边散步，发现来时那条船还在，突然思念故乡，心下悲戚，要孩子和他一起回乡。孩子想跟母亲说一声再走，被徐某拦住了。他们登上船，连夜返回交州。

世上若真有夜叉，那自然也会有夜叉国吧！

姑获鸟

“姑获鸟”是一种鬼鸟，喜欢在夜间出没。

传说它脱下羽毛就化作美女，喜欢抢夺别人家的女孩做自己的养子。因此，晋朝人夜间不在户外晾晒孩子的衣物。传说姑获鸟如果看中某个孩子，就会把血滴在孩子的衣服上做记号。

在晋朝人眼中，姑获鸟就是所谓的“人拐子”。不过，中国还流传着一段关于姑获鸟的美丽传说。

晋朝曾有一男子在田间看见六七个美貌女子。

他不知那些女子是鸟，匍匐靠近，想捉弄一下她们。见众女子都脱下了羽衣，男人藏起其中一件，之后故意出现在她们面前。众女子大惊，慌忙穿上羽衣，变成大鸟飞走。

唯有那个找不到羽衣的女子无法变成鸟，只好留下来和男子一起生活。

几年过去，两人已经有了三个女儿，但女子仍日思夜想，要回到自己的故乡。于是趁丈夫不在家，和女儿们一起找出了那件羽衣。

她回到朋友那里，又飞了回来，带回三件羽衣，给女儿们穿上，一起飞上了天，只留下男子孤零零的一个人。

独脚鬼

“独脚鬼”居住在山里，胆子很小，害怕人类。它个子很高，样子和人类非常接近。脚步声和人类一样，在山里就能听到，但是却看不见它。

独脚鬼用棍子击杀山中野兽为食。有时候好像也会对人类下手，和日本的妖怪“独脚大风箱”很接近。

中国的山地很广阔（相比于“广阔”这个词，更应该说是“无垠”）。人们想象出了山中的各色妖怪。

大山确实是个神秘的地方，不可思议的事也有很多。小时候，我来到山里，经常明明空无一人，却听到像是脚步声的动静，这可能就是“山神”吧。所以，如果说中国的山里有独脚鬼存在，我也丝毫不觉得奇怪。

琵琶鬼

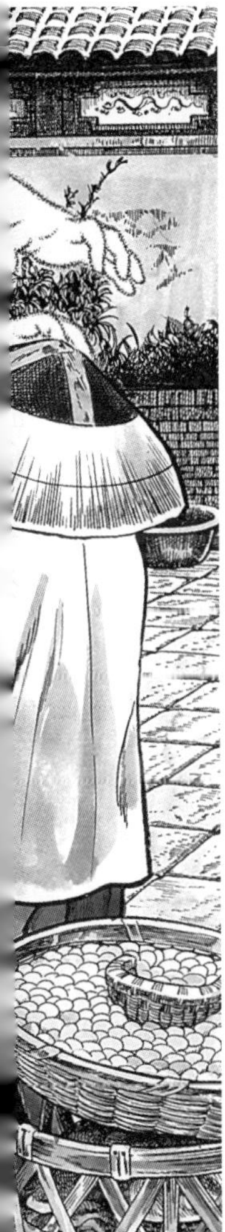

“琵琶鬼”会趁人不注意时附在人身上。被它附体的人会家庭失和，甚至会波及旁人。

如果哪家公司有两三个这样的员工，估计就要倒闭了吧。

在古代中国，曾有人被琵琶鬼附身之后丢掉了性命。每个国家都有相似的妖怪，但琵琶鬼比较特殊，在日本没人见过。

我来到中国云南时发现，如果不仔细观察，根本看不出一个人是否被琵琶鬼附体了。这并不表示它“不存在”，类似的东西是有可能“存在”的。有时我想，也许是因为日本人太忙碌了，没有时间观察别人，所以很难发现琵琶鬼。

鬼树

中国云南省的德昂族有一种“祭鬼树”的仪式。

村子四面各有一道鬼门，鬼门旁边的大树称作“鬼树”。每年四月泼水节后第三天的凌晨三点到五点，村民便会举行祭祀活动。鬼树是一种神灵，德昂族非常崇拜鬼树。

祭祀中，数名成年人将一块画有龙虎等猛兽图案的木板抬到鬼树旁，一边敲锣，一边大声念经。人们相信鬼听到这声音后会害怕，然后从鬼门逃走。

之后会供奉上饭菜，搬运木板来的人们则会悄悄地回家去。为什么要悄悄地回去？因为不能让鬼发现，否则鬼会跟在他们身后一起回家。

德昂族既相信鬼神，也信奉小乘佛教。若有人生病，也会请寺庙里的和尚念经驱鬼，并在鬼树下焚烧纸钱。

谷精灵

居住在中国云南省西南部的佤族人认为，谷物的播种、收获、贮藏、食用，每一个环节都受“谷精灵”的支配。

所以，佤族人每年会举行两次召唤谷精灵的仪式。

谷物是佤族人的主食，如果歉收，会直接影响他们的生活。

第一次召唤仪式是在播种的时候，祈求谷物顺利发芽、成长并获得丰收。

第二次是在收获前，祈求谷精灵不要离开，祈祷收获后的谷物能够吃很长时间。

此外，春耕之前，所有的村子还会举行“割牛尾仪式”。

全村人都会参加，祈祷村寨平安，风调雨顺，作物丰收。在祭祀活动结束后，村民们会把旧的人头[①]送到村外去。

巫帅率领众人将旧人头送至村外，然后返回村子，将拴在木桩上的牛的尾巴割下来。

随后，众人会把那头牛围起来，用刀子割抢牛肉，在争抢过程中甚至会有人受伤。

极特殊的情况下，佤族人会在仪式之后狩猎人头以祈求丰收。

佤族的“猎人头”习俗，直到近代（第二次世界大战时期）还在举行。据说随着时代的变迁，祭祀用的头逐渐变成了死人头、狗头等。

①中华人民共和国成立前，佤族曾有猎人头习俗。建国后已废除。

火神

据说，“火神”会派遣红衣童子引起火灾。

关于火神，在大理市有这样一个民间传说。

有位叫罗师极的提台（统率地方驻军的军官），以前曾做过盗贼，为人十分豪迈。

某天夜里，罗提台微服出巡，看到从火神庙里走出两个红衣童子。

他觉得奇怪，便尾随童子们来到一户商人家门前，只见两名童子停了下来，不知道在商量些什么。

那一日就这样结束了。罗师极不放心，第二天也一直监视着这户人家，结果看到两只老鼠撞倒灯台跑了出来。

火势一下子蔓延开来，瞬间把商人家焚烧殆尽。罗师极明白这是火神所指使，即使自己神武非常，也不得不睁一只眼闭一只眼。

晋朝也曾有人看到过火神的使者红衣童子。这件事发生在义熙五年（409 年）。

彭城的刘澄，自幼便能看到幽灵。

他当上左卫司马（军中官职）的时候，住在将军宅邸旁边的官舍里。

某夜，他来到将军宅邸，正与将军议事，突然看见了一个手拿赤旗的红衣小童。那旗子是圆形的，状似莲花。

之后过了数日，这座宅邸就被烧掉了。

没有人见过火神的样子。在人们的想象中，火神长着三只眼，一面放火，一面驾车划过长空。

野鬼

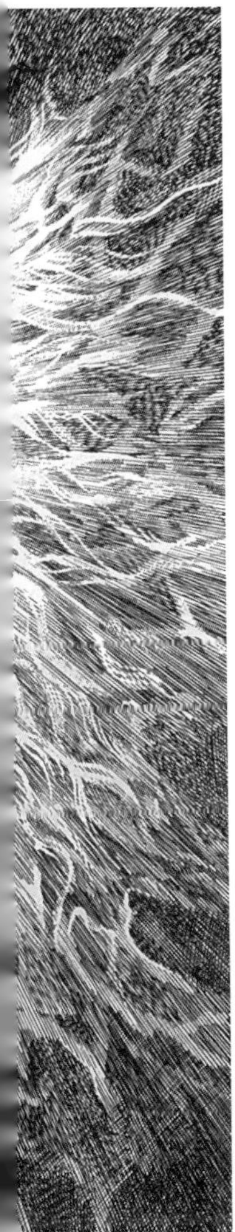

居住在中国贵州省的水族人认为，如果遇见“野鬼”，就会生病。

若是有人因此得了病，就得请鬼师（灵媒师）来祛除厄运，这已成为一种习俗。

如果病人在鬼师告知的治愈日期之前痊愈的话，就需要焚香、烧纸钱，将鬼送走。

遇到野鬼就会生病，这和日本的“相遇神”很像。

水族人以耕种水稻为生。他们相信万物皆有灵，灵魂不灭，崇拜自然。

夜游神

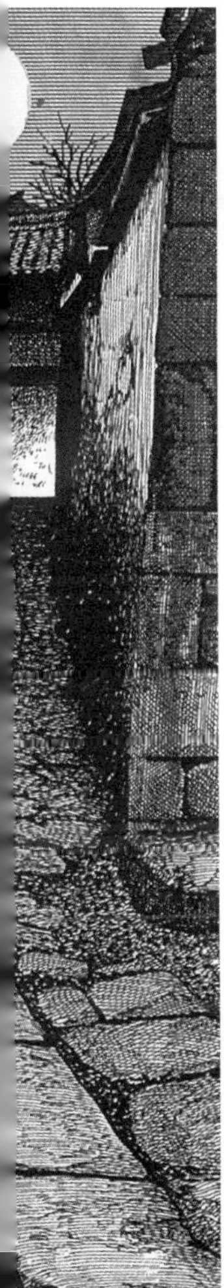

有许多关于“夜游神”的传说。

夜游神头戴高帽，敲着大鼓，走在夜晚的大街上，引诱孩童。

《山海经》中记载，有十六位神人挽着手臂，为天帝守护荒野。这些神人都是小脸颊、红肩膀的小矮人，明代文人杨慎认为，这就是夜游神。

杨慎和云南颇有渊源，晚年在保山地区度过。据他所言，南方少数民族地区的人们将这些神人称作夜游神。

“在夜里出现，引诱孩童”这一特性，和云南腾冲县流传的“夜神”非常相似，和西欧的妖精也有相通之处。夜神让人联想到“哈默尔恩的吹笛人”等传说。

另外，在北京有个习俗，洗衣桶里剩下的水不能长期搁置，当天晚上必须倒掉，这是为了防止夜游神的马偷喝。

中国人相信，如果触怒了神明，就会遭到报应，把洗衣桶里的水倒掉也是一种对策吧。在西欧，也有妖精因为讨厌不爱干家务的人而对其施以惩罚的。

中国神明众多（西欧的妖精也一样），人类如果稍不注意，它们就会变成作祟的神，给人们及其家庭带来不幸，这样的例子数不胜数。

至于是惹怒了哪路神仙，就要请算命先生来指点迷津，然后举行相应的法事来平息神灵的怒火。据说也会有很多人在无意中触怒神灵。

食骨怪

在中国某学校的校园里，有棵树龄一百五十年的大树。据说若是一直挖到这棵参天大树的根部，就会看到一个按钮，按三次按钮，“食骨怪”就会从树上跳下来。

顾名思义，食骨怪是一种袭击人、吃人骨头的妖怪。食骨怪总是张着血盆大口，手里拿着镰刀。

有个学生曾在这棵大树上吊了块骨头，数日后竟然消失得无影无踪。于是人们纷纷议论：肯定是食骨怪把它吃掉了。

遗憾的是，当时并没有人看到食骨怪的样子。这家伙应该是趁没人的时候，悄悄从树上下来的。

还有一种和食骨怪很像的妖怪，叫“食足怪”。这种妖怪会在狂风暴雨的日子里出现在人的家中。

它会来到睡觉时把脚露在外面的孩子床前，吃掉孩子的小脚丫。所以睡相不好的孩子很怕这种妖怪。

我感觉食骨怪这种妖怪，应该从日本的绳文时代起就有了（不，应该是更早）。当然，这只是我的想象。

也就是说，食骨怪是一种非常古老的妖怪。以前那个时代，这样的妖怪四处游荡本就不足为奇。许多尸骨应该都被它们吃掉了。或许这才有了人死后入土为安的习俗。

吐舌头火球

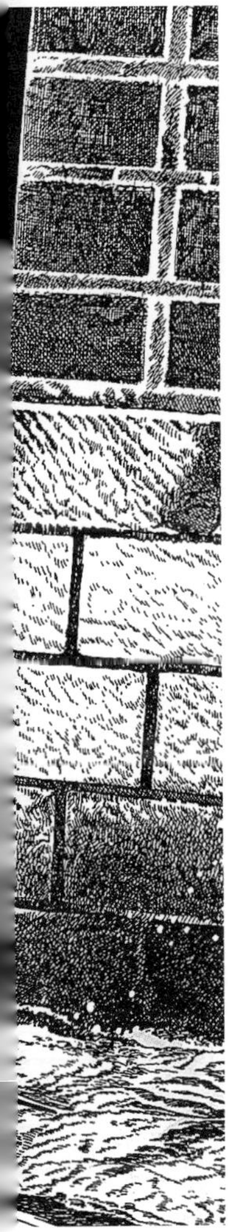

从前，某座镇子上曾经盛传有妖怪出没。有个天不怕地不怕的彪形大汉张某，对朋友王二说，自己决定要去制伏那个妖怪。王二答应要助他一臂之力。

那天傍晚，张某便提着酒壶上街寻妖。但是找了大半夜也没发现什么。筋疲力尽的张某便坐在寺庙门前喝起酒来。这时，突然传来一个令人毛骨悚然的声音：“好饿啊——”张某循声望去，只见黑暗中有两个蓝色火球并排立着，轻飘飘地上下摇动。再靠近一看，火球里伸出一条血淋淋的巨大的红舌头，一直垂到地面。

张某朝火球大喊：“喂，饿死鬼，喝酒吗？”火球回答：“喝呀。”说着便来到酒壶边，咕咚咕咚把酒喝干了。然后又喊：“好饿啊，我想吃饭！”

“是吗，那跟我来吧。”说完，张某领着火球朝王二家走去。但是火球飞得太慢了，张某等得不耐烦，就把它背了起来。没想到火球比想象中要重很多。张某抱怨连连，和火球一路争吵着来到王二家门口。

他高声喊道：“喂，王二，快拿灯来！我把妖怪活捉了！”王二带人从屋里跑出来，用灯一照，看到一个明光锃亮的红漆棺材盖。张某拿来王二的斧子将棺材盖一劈两半，结果滚出来一颗枣子大小的红卵。

“这就是妖怪的原形吧！”张某把它捏起来，咕咚一口吞了下去。据说那东西有一种难以形容的腥臭味。

卡比达乌和乌达吉

中国台湾的高山族相信逝者的灵魂会成为神，能够左右现世人类的吉凶祸福。

其中的代表是“卡比达乌”（男神）和“乌达吉”（女神）。

卡比达乌住在东方，主宰天气变化，有着红色的眼睛和红色的头发。

它与鱼类为友，还有妻子，高山族将这位神灵奉为鱼类之父。当狂风大作，海浪滔天，河水泛滥，人们就会立刻拜祭卡比达乌。

人们还相信，鲸是卡比达乌的孩子。

乌达吉是创造了人类的神。乌达吉的数量极多，据说每个人都有一个乌达吉守护。生病的时候，也一定要祭祀这位神灵。

高山族认为疾病和灾害都是神灵带来的，所以生病的时候，比起求医问药，会首先想到巫术或祭神。

巫师在祛除恶鬼的同时，也会施以医术，他们大多兼营巫术和医术。

我知道了高山族的这种神灵观后，非常震惊。因为这和我多年游历世界得出的结论完全吻合。

当人类出于本能去思考鬼神这类东西时，哪怕人种不同，得出的结论也差不多。背后灵也好，守护灵也好，只是叫法不同，台湾高山族的想法与我们是一样的。不过，恶灵在台湾的力量似乎很弱。

不管怎样，在中国台湾也能遇到知己，着实让我惊讶。

妖怪大全

世界篇

小矮妖

“小矮妖”是栖息于爱尔兰地下的小矮人。它们的本职是鞋匠。据说小矮妖知道哪里藏匿着财宝,如果捉住了它们,就可以从它们口中获知宝藏的地点。不过，它们自己并不富有。

即使地上已是酷暑，小矮妖住的地方却依然凉爽，也不受暴风雨的侵害。所以，它们一年到头都能安居乐业。如果把耳朵贴在地面，能听到下面传来锤子咔嗒咔嗒的声音，或是尖锐刺耳的笑声，那就是小矮妖在缝皮子、粘鞋底，忙着干活儿。

据说在爱尔兰，曾经有人亲眼见过小矮妖。

这个故事发生在生长着毛地黄（其叶子是治疗心脏病的特效药）的护城河里。

小矮妖身高不到10厘米，长着一张皱巴巴的脸，有一个尖尖的鼻子，蓄着胡须。它们穿着有银卡扣的裤子，腰系皮围裙，将鞋子放在膝盖上，一边唱着“利普、拉普、泰普、塔普”，一边劳作。一个男人听到了它们的歌声，心想：这是在给妖精王子做鞋子呢。

男人目不转睛地盯着小矮妖。小矮妖也发现了那个男人，便毫不示弱地回望过去。过了一会儿，小矮妖拿出香烟盒，点上烟，吸了一口，然后向男人递出一个装着奇怪东西的箱子。男人探出身子，刚把脸凑上去，小矮妖“噗”地朝他吐了口烟。男子顿时两眼昏花,小矮妖便趁机逃走了。

半人马

“半人马”腰部以下是马，上半身是人的外形，拥有人类的脸和手。居住在色萨利（位于希腊中东部）的皮立翁山，是野蛮又粗暴的种族。

色萨利的国王伊克西翁爱慕着赫拉，众神之王宙斯就把一朵云变幻成赫拉的样子，让其去伊克西翁那里。他们温存之后，那朵云生下了半人马。另一种说法认为，半人马是他们生下的儿子肯陶洛斯和皮立翁山附近的母马交配而生的。

很久以前，半人马族受邀参加庇里托俄斯的婚礼，他们第一次尝到酒这种东西，喝得酩酊大醉，意图掳走新娘希波达弥亚和众女子。于是，庇里托俄斯和他的子民拉庇泰族人，以及他们宴请的客人忒修斯一起，与半人马族展开了战斗。虽然半人马族打败了拉庇泰勇士凯纽斯，但最终还是被驱逐出了色萨利。这应该是最广为人知的半人马的故事。其后续则出现在英雄赫拉克勒斯的故事中。

赫拉克勒斯要活捉厄律曼托斯山的野猪，途经波罗埃的时候，受到福罗斯的款待，他在席间打开了被驱逐出色萨利的半人马族所共有的酒罐。

闻到酒香的半人马拿着岩石和木棒，蜂拥到福罗斯的洞穴。赫拉克勒斯先是向他们投掷燃烧的木棍，可是并没有令半人马们退缩，于是他便拿着弓箭一直追击他们到了伯罗奔尼撒半岛的玛勒河。半人马族终于败下阵来，四散而逃。

沃迪亚诺伊

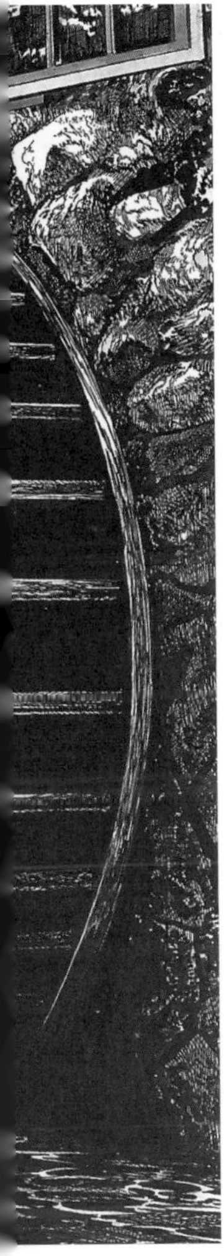

“沃迪亚诺伊”是一种生活在俄罗斯的湖水、池塘、川流中的水精灵，喜欢住在闸门、水车附近。这种妖怪对人类来说是极为凶险的存在。因为沃迪亚诺伊讨厌人类，它会盯上那些轻率鲁莽的人，伺机将他们拖入水中，强迫他们成为自己的奴隶。

沃迪亚诺伊是不死之身，随着月圆月缺而变老又还童。它的形态并不是固定的。在人类面前出现时，它有时是长着绿头发和胡子的老人，有时是赤裸的女性，有时甚至是巨大的鱼。所以，想分辨出真正的沃迪亚诺伊并不容易。若是人们在日暮时分优哉游哉地去水边洗澡，很可能会突然被沃迪亚诺伊捉走。

这大概是与“河童”等日本水妖的共通之处。传说沃迪亚诺伊会在水底建造王国，再从沉船中搬运金银加以装饰。在沃迪亚诺伊居住的水晶宫殿里，魔法宝石闪耀着比太阳更加绚丽的光芒。

蝶化身

蝴蝶是亡灵的化身——当今日本依然有这种说法。冲绳人将蝴蝶在夜晚飞旋视为不祥之兆，认为是死者的灵魂到来了。

有个一路劳顿的旅人，途经山形县藏王山山麓，发现了一间破房子。他想进去借宿休息，便敲门询问，但喊了许多声都没人回答。于是旅人擅自开门走了进去,然后“啊”的一声呆住了。破旧的房子里，全是蝴蝶，足足有几千只。

旅人回过神来，想要好好看看那些蝴蝶，于是打开了天窗。蝴蝶喧闹着像一道彩虹般飞走了。旅人愕然目送蝴蝶远去，再看向蝴蝶之前停留的地方，发现那里竟然有一团女人的黑发和一具白骨。

旅人惊恐万分，将疲劳抛到脑后，朝着村庄飞奔而去。他对人们讲述自己刚才的见闻，听到了这样的回答。

“那家的女主人喜欢蝴蝶，总是去山里追蝴蝶度日。后来不知为何，她的身体渐渐动不了了，最后便咽了气。谁也没有发现她死了，她的尸体就这么被遗弃着。后来尸体上生满了蛆，大概是那些蛆都变成了蝴蝶吧。”

二三十年前，有只蝴蝶飞进了苏联的一户人家，一会儿停在主妇的肩膀上，一会儿又在屋里飞舞盘旋，流连忘返，许久也不飞走。这只蝴蝶大概就是亡灵的化身吧。这件事轰动一时，我曾在报纸上看到过。

戈耳工

希腊妖怪“戈耳工”的每一根头发都是一条毒蛇。它变成美女接近人类，一旦对方心神恍惚，它便露出妖怪的本性，化作面目可怖的老妖婆，头上的蛇则一齐向猎物发动进攻。

看到戈耳工丑陋面容的人，全身的血液会瞬间凝固，变成石像。戈耳工生活在古老的城堡里，周围林立的雕像，都是这妖怪的牺牲者。

后来，英雄珀耳修斯前来讨伐为祸四方的戈耳工。他拿着铜镜盾牌，身穿隐身盔甲，勇敢地潜入了敌人的大本营——古城堡。

戈耳工正好在城堡里。珀耳修斯迅速举起铜镜盾牌。“绝不能看戈耳工的脸”这条禁忌不仅对人类适用，对戈耳工自身似乎也适用。为了躲避铜镜中映出的自己的脸，它慌忙扭过头去。说时迟，那时快，珀耳修斯挥剑斩下了戈耳工的头颅。

妖怪蛇女戈耳工就这么被消灭了。英雄大获全胜，甚是骄傲。

然而，“戈耳工”共有三姐妹，分别是斯忒诺、欧律阿勒和美杜莎。它们的容貌和体形完全一样，被珀耳修斯打倒的只是妹妹美杜莎。另外两个都拥有不死之身，怎么杀也杀不死，珀耳修斯最后只好逃走了。

塞壬

“塞壬”是希腊的海中妖魔，是一种人鱼。塞壬后背上长着翅膀，所以也有人认为它们是人和鸟的混血。

在西方，人鱼几乎都拥有异常的魅力，以令人神魂颠倒之术引诱海上的男人们，一旦得手，就会将他们带去冥界。

希腊英雄奥德修斯也曾在航海中遇到过塞壬。塞壬们瞬间就将船团团围住，齐声唱起歌来。那优美的曲调仿佛能摄人魂魄……但是奥德修斯早就知道这歌声会夺人性命，就把部下们的耳朵用蜡堵死，让他们听不到歌声，又把自己绑在桅杆上，总算是逃过了这场诱惑。

如果不这样做，是断然逃脱不了塞壬的魔掌的。有很多男人虽然知晓这破解之道，却未能抵挡住诱惑，最后还是丢了性命。

人鱼用迷人的歌声捕获水手们，如若失败，就会用无人能抵的体香来诱其就范。总之，撩拨男人欲望的能力是它们最具魔力的武器。然后，它们就将那些落入圈套的人催眠，用绿色的尖牙一点点撕碎他们的身体。人鱼似乎只能靠生食人肉才能存活。

拉弥亚

“拉弥亚”是有着人类女性的容貌、四足兽身的邪恶妖怪。在希腊神话中，是这样解释拉弥亚为何如此邪恶的——

她原本是柏拉斯和利比亚的女儿，不知从何时起，众神之王宙斯爱上了她。宙斯的妻子赫拉妒火中烧，把宙斯和她所生的孩子一个个都杀掉了。失去了所有孩子的拉弥亚绝望至极，变成了从别的母亲那里夺走孩子的妖怪。

但是赫拉仍不罢休，想让拉弥亚的痛苦加倍，便又夺走了她的睡眠。于是拉弥亚只得夜以继日地不停游走，四处抢夺小孩。宙斯心中不忍，就赐予拉弥亚能将自己的眼睛取下一时半刻的能力。装上眼睛的时候，拉弥亚便是四处猎杀孩童的恐怖妖怪。

拉弥亚和莱斯沃斯岛的“盖珞”是同类。据说盖珞是夭折的女孩儿的幽灵，会抢走小孩子。

斯拉夫民间流传的被称作“莫拉”的吸血梦魔也是同类的妖怪。莫拉在深夜袭击小孩子并吸食他们的血，是有着鸟类外形的女子亡灵。

南斯拉夫的民间信仰认为，包裹着红色羊膜出生的女婴，如果不经历一场驱魔仪式，就会变成莫拉。若是有这样的孩子出生，接生婆就不得不马上跑到产房外面，大声喊：“生了个裹着白色襁褓的女孩儿唷。不是妖精也不是魔女唷。是个真真正正的女孩儿唷。”

格劳科斯

“格劳科斯”是“青绿色”“灰色”“目光锐利”的意思。

在希腊神话中，格劳科斯是波塞冬和水仙子宁芙的孩子（还有种说法是渔夫和阿尔库俄涅的孩子）。传说因服用药草成为不死之身，跳入海中变成了海神。

格劳科斯拥有预知能力，常常为各个岛屿或海上航行的渔夫们送去预言，深得人们喜爱。后来他爱上了斯库拉，却没有得到回应，于是怒上心头，把斯库拉变成了怪物。

希腊神话中还有另外一个名叫格劳科斯的海神的故事。那位格劳科斯是科林斯的国王西西弗斯的儿子。

格劳科斯饮下某处泉水后成为了不死之身，为了向怀疑他的人们证明自己，他跳入海里，变成了海神。据说从此以后，凡是见到这位海神的船员必死无疑。

这与日本的“海坊主”很像。

若是去希腊看一看，会发现那里只有石山和大海，没有什么值得称道的特产。但是大海清澈宁静。这应该是希腊最好的特产了。

当我伫立在希腊海边的时候，头脑变得特别清醒。想必当年苏格拉底和柏拉图也有过相同的感受吧。如果这就是“空气的力量”，那这力量真的非常惊人。

希腊神话中能有那么多美丽惊艳的妖怪出现，想必也是缘于这清澈的空气与美丽的海景吧。

狮鹫

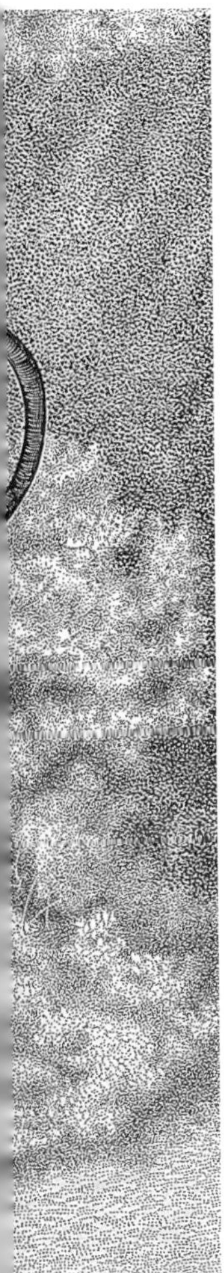

希腊人认为“狮鹫”是一种守护国家财宝的怪兽。它的翅膀和头是秃鹫，身体是狮子。狮鹫常见于希腊和罗马等地的雕塑中。

传说在很久以前，它曾和独眼的“阿里马斯皮人”战斗过。

但是，还有一种说法认为狮鹫起源于印度，之后传到西亚，再之后才在希腊流传开来。而且，希腊的狮鹫有着卷曲的狮鬃，而亚洲的狮鹫头部有冠，两者形象有所不同。公元前 4 世纪的希腊历史学家克特西亚斯对狮鹫做了细致的描述：眼睛是红色的，像燃烧的火焰，脖子上的羽毛则是蓝色的。只有狮子和大象可以将其打败。

关于狮鹫外形和性格的描述因时因地而异。在基督教的描述中，狮鹫出现在伊甸园里，拉着象征教会胜利的二轮车。

这种妖怪，或者说是幻想动物，在日本极为罕见。不过在中国等地倒是有相似之物，例如“灵兽”。如果有灵兽出现，或预示着有好事发生，或预示着将有贤能的天子降生，也可能是庄稼歉收。

前些天看电视，里面提到这样一个话题：成为人类还是成为其他动物，是因某种化学物质的序列不同所致。若是神明将序列稍微打乱一下，说不定就能生出这样的灵兽呢。

圣艾尔摩之火

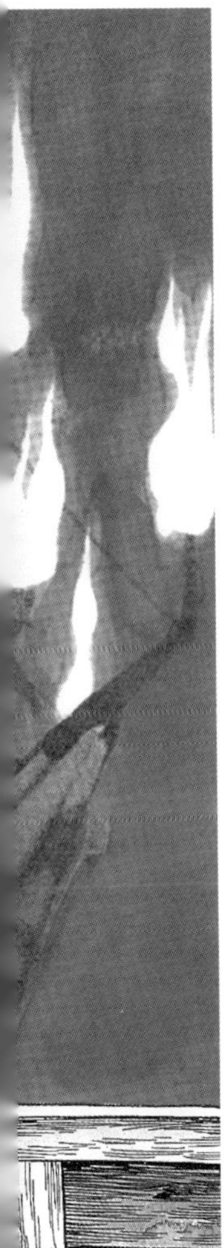

在夏季、秋季、冬季发生雷雨、风暴、降雪之时，“圣艾尔摩之火”会出现在地面上突起的物体尖端。这种火光在全世界都很有名。尤其会出现在山顶的建筑物顶端、房檐，人类的头发、指尖等处，是非常美妙的夜景——这些在古书中都有记载。

在海上，圣艾尔摩之火通常会出现在帆船桅杆、帆桁的顶端。在陆地上，则会出现在寺院的塔顶、避雷针、树梢等处，还会发出“咻—咻—”“噼噼啪啪”的声音。

关于这种火的由来有多种说法，在希腊流传着下面的神话。

众神之王宙斯有两个双胞胎儿子卡斯托耳和波鲁克斯，这两位神统治着斯巴达，又为亚丁人所崇敬。

同时，作为大海的守护神，他们还被船夫所供奉。遭遇暴风雨时，船夫们会用白色的小羊献祭守护神，祈求航海平安。然后，卡斯托耳和波鲁克斯就会变成火，在桅杆顶端现身，暴风雨也会完全平息。

304 年 6 月 2 日，罗马的桑特 · 伊拉斯谟主教遭车裂之刑而死。从那以后，伊拉斯谟就取代卡斯托耳和波鲁克斯成了地中海的守护神。

桑特 · 伊拉斯谟后来被人们传成了桑特 · 艾尔摩。船夫们深信，桑特 · 艾尔摩之火的出现意味着守护神的降临。

后来，桑特 · 艾尔摩不知道什么时候又变成了现在的圣艾尔摩。口头传说就是这一点比较麻烦。

基罗

“基罗”是游走于夜阑时分的希腊幽灵，拥有自由移动眼睛的能力。在人类眼中，基罗看起来是个美丽的女人。但如果那人一直盯着它看，就会被撕得粉碎。

说起来，在眼睛里隐藏魔力的妖怪，还真是出乎意料的少。中美洲的“犬灵”，就是为数不多的一种。

不同地方的犬灵，其外形也不尽相同，但最常听到的说法是它长得像一条有黑白斑点的大型犬。

夜幕降临，它隐藏在远离城镇的漆黑道路上，突然出现在旅行者、约会中的恋人面前，眼睛里射出光线。被那光线射中的人会在瞬间昏厥。人们还相信，遇到犬灵的人会在几天内大祸临头。不过，曾经发生过这样一件事，应该算“福祸相依”。

地点在危地马拉。有个叫邦比特的盗贼，从来没有人能捉住他。他也因此愈发胆大妄为，有天夜里到阿蒂特兰城里干了一件大案。事成后，他兴高采烈地走在路上，没想到拐过街角后有个犬灵正用发光的眼睛死死盯着他。

邦比特顿时浑身无力，软绵绵地瘫倒在地上。正巧警察巡逻到此处，轻而易举便逮捕了他……

警察可真是要向犬灵千恩万谢，可是对盗贼邦比特这样的恶人来说，犬灵的出现不能不说是个凶兆。

黑豹

这里所说的“黑豹”是一种出现在中世纪动物故事里的幻兽。它能够散发出香甜的气味，吸引动物或人类。

黑豹居住在山中隐秘的洞穴里，性格温顺，用高亢而甜美的声音歌唱，并散发出香甜的气味。这种气味比鲜花盛开时的香味更加沁人心脾，引诱着动物甚至人类。城里或镇上的人们循着香气聚集到黑豹的洞穴里，最后都成了黑豹的盘中餐。

黑豹的宿敌是龙（dragon），它不得不一直与龙战斗。黑豹吃饱后会睡上两天，第三天醒来的时候，又会唱起甜美的歌，散发出芬芳的香气。

它并没有固定的外形，整体像鸟，同时又长有不同动物的各种部位。

这种妖怪在日本很难见到，硬要举例的话，应该类似于“彭侯”（又称山之精灵）。

发出恶臭的妖怪常常会被识破，但是散发着芳香之气、唱着甜美的歌的妖怪还真是少见。黑豹可能是鸟或者花的精灵吧。

小矮人

“小矮人的存在是神的恩赐。”——《英雄叙事诗集》中如是记载。

那是在山川和大地一片荒芜，没有农业，山里还埋藏着大量金银财宝的时候的事。神赐予了小矮人分辨是非的能力，把他们创造成奇妙而聪慧的生物。小矮人因此知道了石头的妙用。有的石头可以让人力大无比，有的石头可以让随身携带它的人隐形。

在各国流传的小矮人故事（以“小矮人的鞋铺”为代表）中，他们都身怀某种技艺，和小矮人成为朋友的人也变得很富有。当然，也有危害人类性命的小矮人。小矮人和妖精一样有不同的族群。仅在德国，小矮人的称呼就有好几种，像是“山的小矮人”“地的小矮人”“安静的人”“小小的人”等。据说还有人在婚礼和葬礼上亲眼见到过小矮人。甚至有人类少女和小矮人结婚的故事。

一个少女从山丘旁经过，听到了锤头敲打的叮当声和欢快的歌声。少女喜欢那歌声，小声嘟囔着：“啊，要是能和那人一起唱着歌在地下生活该多好呀。”话音刚落，一个小矮人便从山丘里钻出来，向女孩表明了自己的爱意，提出要和她结婚。在地上贫穷度日的女孩接受了这个小矮人的求婚，从此和他生活在了一起。小矮人虽然个子小，却是位了不起的丈夫。

女巫

欧洲各地流传着关于女巫的各种传说。最普遍的说法是，女巫从丰饶女神那里获得了诸多能力，例如预言、遁形、飞行等。

在中世纪的猎巫运动中有如下几种方法来辨别一个人是否是女巫。

比如，用针扎皮肤时完全感觉不到疼痛。女巫还生有多个乳头，它们多隐藏在腋下。多余的乳头是给那些魔法使者（女巫的手下，比如猫、鸟、青蛙等）吮吸血液用的。如果一个女人具备了这些特征，那她就会被判定为是一个会使用魔法的女巫。

在俄罗斯的萨拉托夫州，人们是这样识别女巫的：首先，在复活节前的星期四，准备好一块奶酪。然后观察在复活节朝拜时口含奶酪祈祷的人们。当牧师说出“耶稣复活了”时，那个背对着圣像的人就是女巫，她的头上长有乳头。

众所周知，女巫们会举行集会。德国的布罗肯峰便是女巫集会的代名词，俄罗斯的女巫在当地也有集会场所。在乌克兰，旧历七月二十九日夜晚，女巫们会在秃山举办宴会。她们会乘着拐杖划过夜空，飞来秃山赴宴，然后在翌日清晨第一声鸡鸣之前赶回去。

拉尔瓦

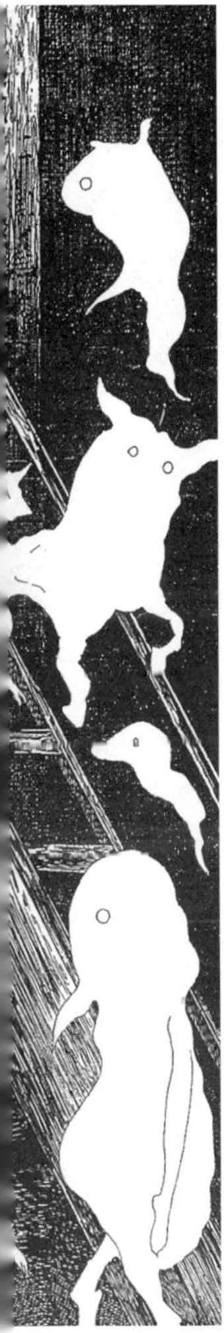

按照高等魔法的原理，宇宙中存在着大地精灵、天空精灵、水精灵与火精灵四大精灵。这四位都是心性善良的精灵。与此相反，低等魔法的世界里则生存着类似于怨灵的种族，它们阴险狡诈，令人作呕，浑身散发着不祥的气息。它们被称作“拉尔瓦”。

那些被黑暗吞噬的灵魂，或是受到诅咒、将要被打入地狱的灵魂，若是身体消亡后还执着于尘世，执念、怨念就会变成拉尔瓦，给人们带来烦恼和痛苦。

拉尔瓦的产生有多种原因。犯人被处刑后，不洁的血液和精液流在地上，就会生出拉尔瓦。女性的经血、自慰或梦遗的男性精液，也会变成骇人的拉尔瓦。

拉尔瓦会成群结队蠕动到病人、妄想家和抑郁愤懑的人周围。它能够敏锐地察觉到没被满足的欲望、不健康的梦想以及仇恨这类人们极力隐藏的欲念。

所以，孤独的人以及中世纪的禁欲僧和修女们，常受到拉尔瓦的骚扰。就连中世纪的大魔法师帕拉塞尔苏斯，都会在睡觉时放一把长剑在手边，时刻防备着拉尔瓦的袭击。它大概比妖怪还要恐怖吧。

狼人

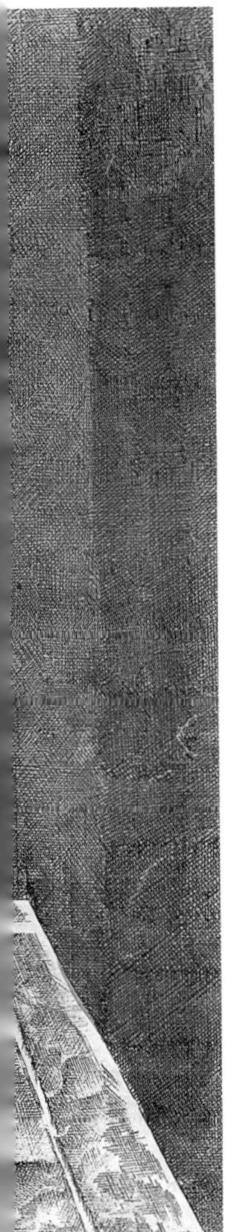

中世纪的欧洲自不必说，即使在日本，“狼人”也相当有名。狼人平时和一般人没什么两样，可一到满月之夜，全身就会生出茂密的毛发，变身为狼。一旦变成狼人，它就会彻底失去人性，开始肆无忌惮地袭击人类。这种变身，有的是迫不得已，有的则是主动为之。前者大多是中了别人的巫术，后者则是自己利用巫术变身成狼。所谓巫术，包括披上狼皮、在空中翻三个筋斗、涂抹药膏、念动咒语等方法。

狼人会在天亮之前变回人。如果在变身期间受了伤，即使变回人形，伤痕仍会留在身上。如果在变成狼时被杀，尸体也会变回人的模样。

但是，狼人很难被捉到。因为它们只有在特定的时间才会变身，而且只有用银质十字架熔化后做成的子弹才能杀死它们。

在欧洲，狼人和女巫、巫师关系密切，也有说法称狼人是被他们操纵的受害者。狼人还被和吸血鬼联系在一起，变身为狼的人袭击少女并吸她们的血——这一说法在拉丁美洲广为流传。在巴西的巴伊亚州流传着这样的传说。一个男人隐瞒自己狼人的身份结了婚，婚后却控制不住自己的本能，总想吸妻子的血，最后咬破妻子的喉管，杀死了妻子。

飞蛾

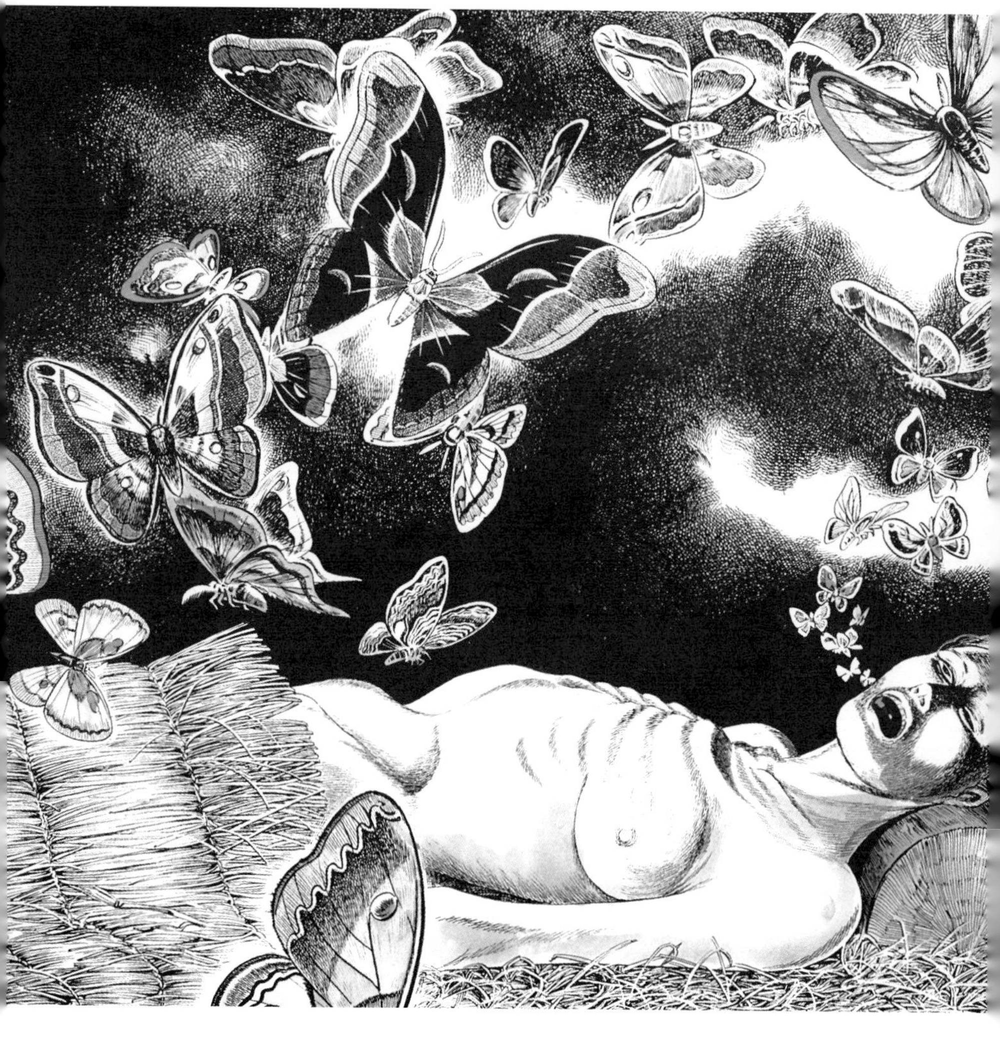

“飞蛾”是蛾的一种。在欧洲各地，人们认为它们从死人的口中飞出，在幽灵的四周飞舞。

在日本高知县,有些地方认为蛾是死者灵魂的化身。蛾、蝴蝶等昆虫和死灵有着很深的渊源，在民间传说中这些昆虫也多和死者有关。在朝鲜，有这样一个故事讲述了蝴蝶的起源。

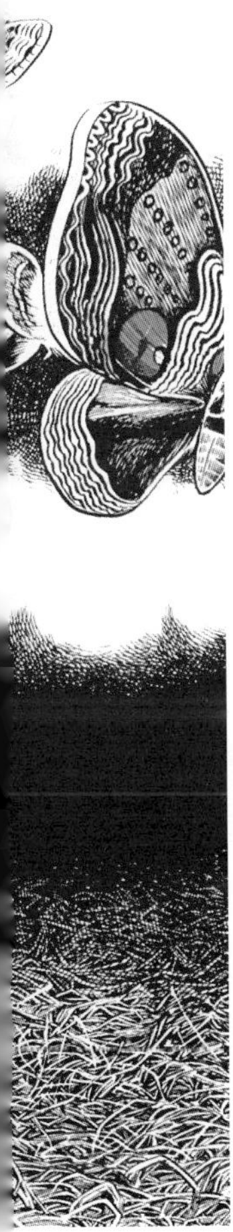

有位身份高贵的姑娘要出嫁了。姑娘是城里公认的美人。婚礼当天早上,她正在化妆,奶妈慌慌张张地跑来说:“姑爷突然过世了！”

起初，姑娘怎么也不肯相信，她匆匆忙忙赶到新郎家，却发现这竟然是真的。她含着泪水参加了新郎的葬礼。

从那以后，姑娘每月都到爱人的墓前，一边哭泣一边说：“真想随你而去啊……”

然后会痛切地请求:“如果你也是同样的想法，就请让墓门打开吧……”

话音未落，不可思议的事情就发生了，墓门真的打开了。自从新郎死后，奶妈一直不放心，这天也是悄悄地跟在姑娘身后。见此情景，她急忙拉住姑娘的白色契玛（朝鲜传统裙装)，谁知契玛竟脱落下来。坟墓将姑娘吞了进去，随即又闭合起来。

奶妈抱着契玛失声痛哭。这时，契玛竟离开奶妈的手飞向天空，化作了无数的白色蝴蝶。

赫尔辛基

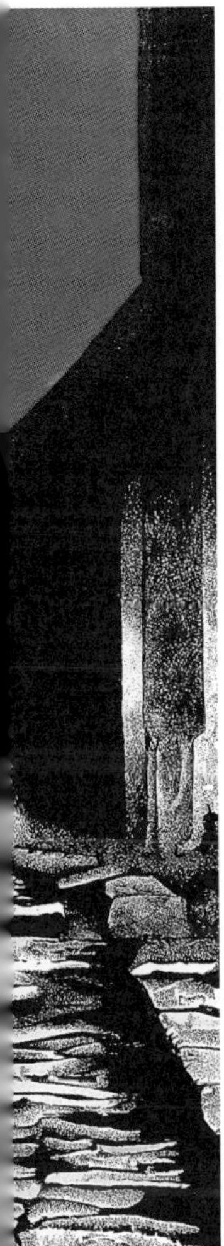

“赫尔辛基（Harlethingi）”是在深夜时分成群结队出行的小鬼。它们会用牛马来驮运行李，据说人类还可以从它们的队伍里抢夺牛马。不过只要一吹响喇叭，赫尔辛基马上就消失不见了。

这种小鬼队伍和日本的“百鬼夜行”十分相似。关于百鬼夜行的传说有很多，《今昔物语》里的一段记述便颇为有趣。

有一个很风流的贵族少爷，每天晚上都会带着随从出门寻欢。某天夜里，他在路上看到一大群人点着火把走了过来。为避免碰面，少爷便躲入神泉苑的北门，等待这些人的队伍通过。可不知怎的，他突然心血来潮，把门开了一条缝，偷看起外面的情况来。结果他看到列队而行的不是人，而是一群面目狰狞的鬼。

少爷吓得浑身发抖，惊慌失措，而小鬼们也似乎察觉到了人的动静，便立刻开始搜捕。可是，小鬼们虽然感觉到旁边有人，却始终抓不到他。看到小鬼一脸费解的样子，贵族少爷便试着喊了一句：“我身上有尊胜真言（能够驱灾除恶的咒文）！”话音刚落，所有的火把都不见了，还传来四散逃窜的声音。小鬼们转眼便消失殆尽了。

这位少爷回家后病了一阵子，不过很快就恢复了健康。后来大家才知道，小鬼之所以抓不到少爷，是因为他的衣服里缝了僧侣书写的尊胜陀罗尼咒。

吵闹鬼

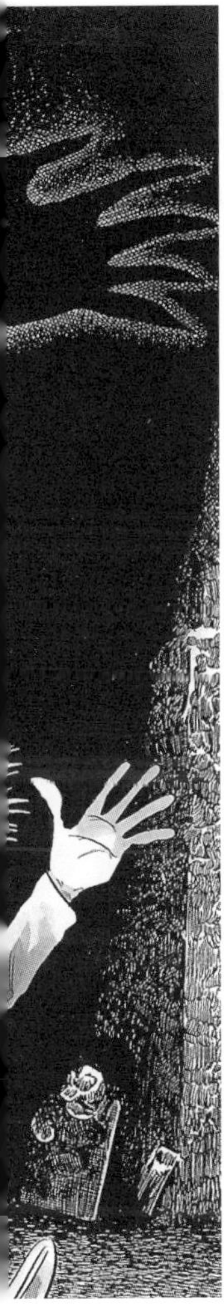

“吵闹鬼”的德语名是“Poltergeist”，意思是“吵闹的幽灵”。它们会让床飘浮在半空中，把花瓶横丢过房间，或是轻而易举地移动沉重的家具。

有不计其数的人遭受过吵闹鬼的折磨，下面提到的只是其中一例。

在伦敦的威克里夫路上，住着一位名叫雪莉·希金斯的十五岁少女。某天早晨醒来时，她发现床单上有一把新的钥匙。但这把钥匙与家里所有的锁孔都不吻合，也没人知道它是谁拿来的。

从那天晚上开始，雪莉睡觉时被子会突然被人粗暴地掀开，还能听到有人使劲敲击卧室墙壁的声音。到了白天，笨重的家具会在房间里来回移动。雪莉一连好几天睡眠不足，憔悴了许多。

雪莉的父母决心找出这些怪现象发生的原因，便让雪莉睡在母亲的房间里，还找来叔叔陪伴她。没过多久，雪莉的被子又开始动了，两个大男人拼命想压住它，被子却还是被一股强大的力量拽到了地上。当两人正与看不到的怪力互相拉扯时，妈妈却发现女儿的身体突然变僵硬了。下一个瞬间，三人看到了不可思议的一幕，雪莉的身体浮起来了，离开床铺约有十五厘米高……

身体飘浮在空中的情况只发生过这么一次，之后就只是听到各种奇怪的声音。过了大约一个月，所有的怪异现象才完全消失。后来雪莉告诉大家，当时她感到后背和腰部有一股巨大的力量将自己举了起来。

暴风雨精灵

欧洲很多地方认为，打雷、刮暴风雨、下冰雹或霰都是魔神造成的。它们总是拼命地抵抗神父或修士的祈祷，一旦发怒，甚至会荒废掉一整片地区。

德国曾发生过一场暴风雨，是自当地报纸创刊以来报道过的最骇人听闻的暴风雨。

暴风雨把街上的招牌全都吹了下来。如果只是吹落招牌倒也没什么，可神奇的是，木桶店的招牌被刮到了女士服装店，理发店的大黄铜招牌被拆下来挂到了法官家的窗户上，剧院的招牌贴在了教堂的入口……各家商铺的招牌，一夜之间全都换了个驴唇不对马嘴。

天亮后，暴风雨终于停息了，人们又恢复了往日的生活。但是，镇上的人们倒还好说，初来乍到的外地人全都乱作了一团。因为一般人都是看招牌来分辨店铺的——本以为进了理发店，没想到眼前是法官；以为是教堂，结果却是剧院。总之全乱套了。

这都是“暴风雨精灵”捣的鬼。

食尸鬼

“食尸鬼”是一种吞食人类尸体的妖怪，出没于欧洲各地。它们住在墓地下面，在没有人的夜晚现身，啃食尸体。有时候还吃小孩子。

在德国有吞食尸骸的女妖传说，这显然就是食尸鬼。故事发生的舞台自然也是墓地。

艾丽莎的哥哥生病了，需要一种生长于墓地的草药来医治。不过，草药必须由艾丽莎亲自采来才有效。一心为哥哥着想的艾丽莎决心出门采药。

这是一个月影朦胧的夜晚，艾丽莎的心情有些沉重。她穿过一条长长的林荫小路，走过深夜死寂的街道，来到了气氛诡异的墓地。艾丽莎正准备继续前行，却发现在最大的墓碑前有一群丑陋的女妖正在脱衣服，像是要去洗澡似的。女妖们脱完衣服，开始用长长的瘦骨嶙峋的手指挖掘新埋的坟墓，将尸体挖出后，便一人一个啃了起来。

艾丽莎感到毛骨悚然，被吓得呆若木鸡。可是要想采到草药，就必须经过女妖们的所在之地。艾丽莎一边在心里不停地祈祷神明保佑，一边鼓起勇气走了过去。女妖们一面贪婪地啃食着血淋淋的人肉，一面用骇人的目光瞪着艾丽莎，不过幸好什么都没有发生。就这样，艾丽莎顺利采到了草药，顺着来时的道路回家了。

梦淫妖

“梦淫妖”也称“男性梦魔”。这是一种男性恶魔，会与睡梦中的女子交合，令其生下孩子。有说法认为，男性梦魔和女子交合时使用的是男人梦遗的精液。

15 世纪末，曾有人声称看到女妖术师和恶魔交叠在一起，摇晃着丑陋的身体进行交媾。目击者是科隆的大主教雅克布·施普伦格。他说当时弥漫着无法形容的恶臭，女妖术师的丈夫怒火中烧，举起短刀向恶魔砍去，然而没有砍到任何东西，刀只是徒然地在空气中划了一下。

到了 17 世纪，一位叫玛利亚·格西伍斯的鬼神论者认为男性恶魔会迷恋母马。当母马顺从恶魔的时候，恶魔就会温柔地爱抚它，或者为它打理鬃毛。一旦母马不听话，恶魔就会虐待它并将它杀死。这种事就像家常便饭一样。

梦淫妖虽说是恶魔，但并不是神的对立面。也有很多人像玛利亚·格西伍斯一样，认为它们是半人半兽，还有人觉得它们是半兽神。

驱赶它们的方法也是有的。将胡椒、马兜铃根、石竹、生姜、肉桂、肉豆蔻、苏合香、安息香、沉香木混合后在房间里焚烧，这对于喜欢水汽的恶魔特别奏效。对付其他恶魔，则可以用睡莲、地钱、大戟、风茄、莨菪等。

科博德

“科博德”是德国的妖怪，和日本的“座敷童子”类似，住在人类家中。它住在哪里，那家人便会家运昌盛。

它们白天几乎不现身。不过它们很勤劳，经常帮男仆、女佣干活。它们的样子就像小矮人，是家里的守护精灵。如果得到了科博德的帮助，女佣就得每天在固定的地方供奉食物作为回报。

在德国还流传着这样的故事。

安斯菲鲁特村里有一位和科博德非常要好的女子。

不过科博德并没有住在她家里，而是每到礼拜日才去她家。

每当做弥撒的钟声在教堂响起，女人就会在餐桌上摆好两个盘子，然后坐在自己的座位上。教堂里的神父刚开始颂道，科博德就会从烟囱里跳出来，搬出美酒佳肴。然后，两人就其乐融融地用起餐来。颂道结束时他们也吃完了。然后科博德就像来时一样，爬进烟囱回去了。

不过这个故事里的科博德并不是小矮人的样子，而是一团燃烧的火焰。

“死亡之池”中的精灵

德国拉贝鲁斯多尔夫的“死亡之池”长约 130 米，宽约 30 米。池水清澈，冬季也不会结冰。当地人对死亡之池都颇为忌讳，因为在 17 世纪时曾发生过这样一件事。

一天，死亡之池中出现了一位水精灵。它化作一位纤细苗条的少女，戴着黑珊瑚项链，穿着镶有珍珠的红色坎肩，腰上系着绯红色缎带，衣着十分华丽。水精灵来到拉贝鲁斯多尔夫附近的一家饭店。那里正在举行婚宴，人们正欢快地跳着舞。水精灵看上了一位名叫“大个子弗里德尔”的小伙子，和他一起聊天，嬉笑打闹。两人都深深喜欢上了对方，还在庭院的菩提树下跳起了舞。水精灵吻了弗里德尔，轻声说道：“我想当你的新娘。”

然而当暮色降临时，水精灵却泪眼婆娑地对弗里德尔说：“我得回到水里去了，我是违背父亲的命令跑出来的，又在你身边待了这么长时间。作为惩罚，我可能会死去。请你明天早上来死亡之池吧。如果你看到池水是清澈碧绿的，就证明我还活着。但若是池水像死人一样苍白，那就说明我已经死了。”

水精灵说完，再次亲吻了青年，就消失不见了。

第二天早晨，弗里德尔来到死亡之池一看，池水正如死人一般苍白。他万念俱灰，纵身跳入了池中。

二人死后终于在一起了。

德国怪龙

德国莱茵河畔沃尔姆斯的宫殿里，国王吉尔巴鲁特有三位王子和一位名叫弗洛莉古德的美丽公主。

在一个炎热的白昼，弗洛莉古德来到窗边，想透透风。窗外突然飞来一只巨大的怪龙，嘴里喷着猛烈的火焰，一把抓住公主飞走了。

这只怪龙原本是一位仪表堂堂的青年，因为中了女巫的魔法，被恶魔附体，才变成这副模样。“五年之后我身上的魔法就会解除，到时我恢复了本来面目，就可以向公主求婚了！”怪龙心里这么盘算着。但公主怎么会喜欢这只恐怖的龙呢。公主日日以泪洗面，而痛失爱女的国王与王后，每天也沉浸在悲伤里。

这时，有位叫齐格弗里德的年轻武士，引起了国王的注意。他原本是王族子弟，如今是游历诸国的流浪武士。国王亲自确认了齐格弗里德的胆识及武艺，将所有的希望都寄托在他身上。齐格弗里德在得知公主的遭遇后，决心要倾尽全力为国王与王后分忧。

那只怪龙盘踞在“龙岩”上，齐格弗里德只能将自己的生命交给神，勇敢地向怪龙发起了挑战。怪龙喷出烈焰当作武器，齐格弗里德则拿着大刀，双方缠斗在一起。

虽然齐格弗里德几次都差点被烈焰吞噬，但最后还是一刀将怪龙砍成了两截。怪龙发出凄厉的嘶吼，扭动着残躯从龙岩上坠了下去。

土精灵布兹

在奥地利一座偏僻的村庄里，住着一位贫穷的农夫。一天，农夫到森林里伐木。他四处寻找合适的树木，这时突然听到有个声音说："再向前一点！"农夫吓得四处张望，却不见人影。他只好战战兢兢地向前走，很快来到一块空地。这时，那个声音又说："就这里吧！"再次受到惊吓的农夫四下里一瞧，发现在一棵冷杉树的树梢上，坐着一个白发小矮人。农夫刚想逃跑，小矮人喝止道："等一下！"

"我是土精灵，名叫布兹，是你的教父。只要选对了树砍伐，你就会发大财哦！"农夫挑选了片刻，最后来到布兹所在的那棵树下，说："喂，大叔。就砍这棵喽！"

布兹面露不悦，可农夫还是扬起斧头砍了下去。树干是空的，砍了三下树就倒了，从里面哗啦哗啦涌出了大量金币。布兹对农夫说："你拿走吧。"说完便没了踪影。农夫欣喜若狂，将所有口袋都塞满了金币，可还是装不完。于是他急忙跑回家，把狗领来看守金币，分好多次才把金币都运回家。

等他回到家仔细一看，却发现金币都变成了榛子，里面还有一张纸条。

"地里埋着死人也埋着矿藏。它们都可以生出种子，种子又可以长成一棵冷杉树，树枝上会长出十字架。长着长着，十字架会朝向教堂的方向，只有那时你方能得到救赎。"

农夫看到这些，如同遭到当头棒喝，顿时一命呜呼了。

真是"竹篮打水一场空"啊。

凯斯曼德尔

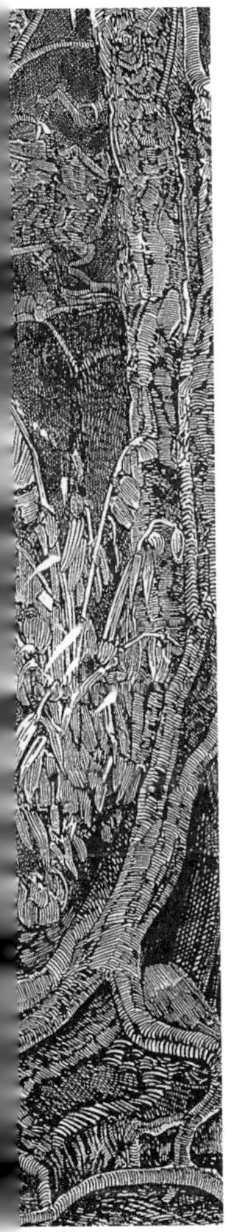

这种妖怪又名“奶酪小矮人”。

“凯斯曼德尔”一头白发，满脸皱纹，终日无所事事，悠闲自在。据说它只要往嘴里塞点奶酪渣就可以填饱肚子。

很久以前，在澳大利亚发生过这样一件事。

有个猎人在森林里捕获了一头小鹿。猎人架起篝火，将鹿肉烤得香气四溢。他正要大快朵颐,突然听到身后有声音。回头一看，那里站着一个满脸皱纹的凯斯曼德尔。

猎人看到对方是个小矮人，便没有太放在心上。凯斯曼德尔急匆匆地走到猎人身旁，从怀里掏出一只青蛙，和鹿肉一起在火上烤了起来。

凯斯曼德尔一边烤着青蛙，一边瞅着鹿肉，口水直流。

过了一会儿，它终于忍不住说：“喂，你的肉烤好了，我的却怎么也烤不香。”对猎人嫉妒不已。它渐渐将手伸向鹿肉，胡乱摸了起来。最后它竟然想强行夺走鹿肉，猎人终于大发雷霆。

这下可把凯斯曼德尔吓坏了，它一溜烟儿地消失在了森林深处。

牙痛殿下

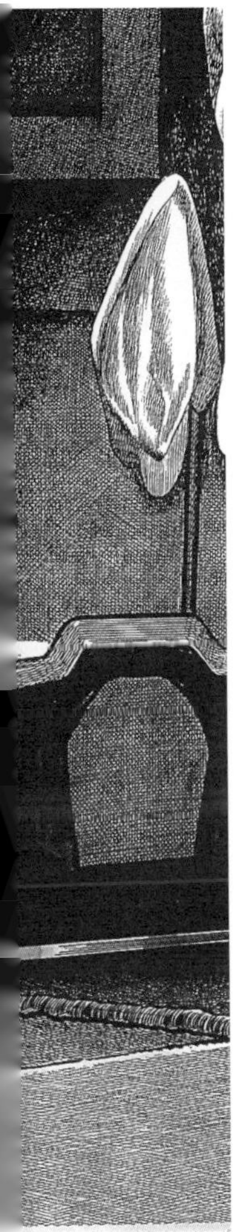

在比利时等地，人们突然牙痛的时候，就会认为是“牙痛殿下”在捣鬼。它们用细细的电流般的手指，触碰正在睡觉的人的牙齿。被碰到的人会感到一阵钻心般的疼痛，从床上一跃而起。更可恶的是，人类是看不见这种妖怪的。

古时候的日本人，牙痛时只能去乞求“牙痛之神”。这被称作“羽黑信仰”，这种信仰发源于山形县出羽三山神社，在全国流传。三山指的是月山、汤殿山、羽黑山。

牙痛的人来到这里祈愿，供奉牙签和米。如能治好，就奉上胡枝子枝条做的筷子以表谢意。不过，这只是苦于牙痛的人们“临时抱佛脚”的祈祷罢了。

江户时代，供奉牙痛之神的信州户隐神社发生了一件怪事。

这座神社的内院有一条大蛇坐镇，牙痛之人只要许愿三年不吃梨，疼痛便会立刻痊愈。神社因此而声名远播。三年后，许愿之人把梨放入木制方盘，让盘子顺溪流而下，再到户隐神社参拜并供奉梨。神官会将梨放入盘中，背着手托着盘子倒退着走到内院岩洞前，将梨放下后再回来。整个过程中神官绝对不能回头看。但是就在他离开岩洞还不到 10 间[①]时，却真真切切听到里面传出了吃梨的声音。

这个故事记载于安永年间所著《谭海》一书中，作者津村正恭在最后写道：“真乃惊恐之事。”

① 1 间 =6 尺 =1.82 米。

美露莘

在法国，可以和人类结婚的妖精被称作“美露莘”。

美露莘建造了很多城堡，并和一个男人居住其中。只要人类男子不触犯禁忌，她们就可以保持美丽女人的样子。但是，万一禁忌被打破，她们会立刻露出原形，变回腰部以下是蛇的水妖。这些禁忌包括“不要让她们触碰到铁”“不要看她们的裸体”“在她们面前不要提到‘死’这个字”等等。

美露莘的故事在希腊的农民之间也有流传。传说她们不仅冷酷无情、很难对付，还是绝世的美人。总是打扮得像新娘一样，头上裹着漂亮的围巾唱歌、跳舞，舞姿曼妙无比。她们和男人结婚，偷来人类的孩子，扔掉自己生下的丑陋无比的孩子，或是将看到自己洗澡的男人弄晕。做这些事情令美露莘乐在其中。

美露莘是水妖，同时也是龙的一种。好像和法国的飞龙“维维尔”是姐妹关系。

维维尔同样拥有魅力不逊于美露莘的女人身体，长着蛇的尾巴，蝙蝠的翅膀，双眼之间有一颗巨大的石榴石。这颗石榴石极其重要，相当于维维尔的第二生命。她会在入浴时把石榴石摘下来，若是被偷走了，她就会立刻变成瞎子。这颗红色石榴石也是证明她与美露莘是姐妹的证据。

密毛怪

中世纪时，流经法国西北部的约奴河河堤上，曾出现过“密毛怪”。

这种妖怪如公牛般大小，长着蛇的头。全身长满绿色的毛，毛的尖端是利针，若是被刺到就会致命。尾巴像巨蛇，可以杀掉人类和家畜，还有像龟足般宽大的蹄子。总之，它的四肢全是武器。

它的生命力也异常强大。传说密毛怪虽然没能坐上诺亚方舟，却在那场大洪水中活了下来。还有人说，当它快要被村民捉住时，便会逃到约奴河里引发洪水。据此来看，它应该是水栖动物。可是当它发起狂来，又会喷出火焰，烧毁庄稼……

这种怪兽爱吃年轻女孩，尤其喜欢纯洁之物，会狼吞虎咽地吃掉少女和孩子。这样凶猛的怪兽一直让人们束手无策。直到有一次，被密毛怪袭击的少女的恋人追在它身后，用刀将它的蛇尾劈成了两半。密毛怪竟然一命呜呼了。后来它的尸体被制成了干尸。

这也算是个好色的妖怪。人类的男性中偶尔也会有这样的登徒子。

斯普利康

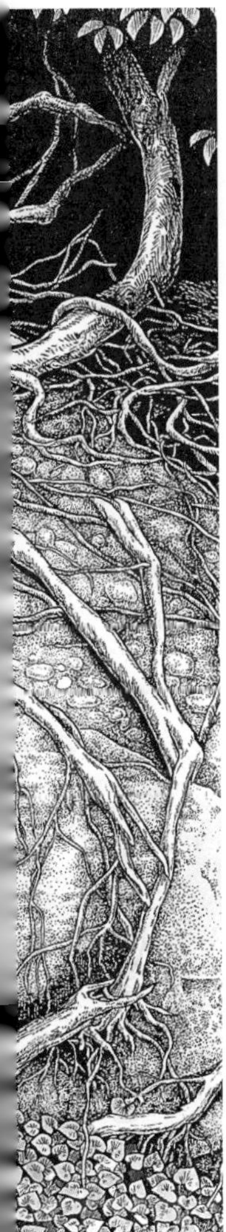

“斯普利康”是最冷酷丑陋的幽灵。它只住在破旧的坟墓、废墟、巨人的城堡等埋藏着宝物的地方。它偷人类的孩子，还把自己丑陋的孩子放回去取而代之；它还制造恶劣的天气让庄稼都枯死，刮起旋风让谷物颗粒无收。

斯普利康喜欢给人类的生活制造麻烦，但却会惩罚那些侵犯自己地盘的人类。完全就是个肆意妄为的家伙。

斯普利康是上了年纪的幽灵，平时个头很小，但也能变得像巨人一样大。

若是和日本妖怪类比一下，斯普利康的性格很像“次第高”和“见越入道”,能力则堪比“天邪鬼”和“干旱神”。再加上人们说它住在埋有宝藏的地方，总让人觉得它是真实存在的。

日本那些出土了古代宝剑的地方，总给人一种会有斯普利康出没的感觉。恶灵也大多是在古代宝藏的封印被解除之后才出现的吧。

也许是我先入为主了，不过那些古老物件出现的地方，以及发生奇怪事件的地方，总感觉有恶灵在徘徊。

事实上，“附体幽灵”中也有许多恶灵。人们之所以会有这种感觉，也许是因为的确存在那种东西吧。

哥布林

在英国，“哥布林”指的是爱搞恶作剧的家中精灵（家灵）或恶灵，一般个头儿较小而且样子丑陋。

在威尔士，哥布林被称作“哥布莱纳”，虽然样子丑陋，对人类却非常友善。它们穿着矿工服，是挖矿的劳动者。哥布莱纳出现的矿山会很快兴盛起来。反之，见不到哥布莱纳的矿山则会衰落。

在这一点上，哥布莱纳和日本的代表性家灵“座敷童子”非常相似，家灵也许都会起到这样的作用吧。

还有一种叫“赫伯哥布林”的，是一种灶灵，也经常搞恶作剧，但性情善良，对人类颇有助益。如此看来，英国人的家宅内外存在着相当多的灵怪。日本也有与之对应的精灵、妖怪等，如今想来，更觉得有趣。

哥布林和德国的小矮人“科博德”是同类。这种妖怪在丹麦叫“尼斯”，在苏格兰叫“布朗尼”。

德国的科博德在入住某户人家之前，会先考验那家人。它们会在盛有牛奶的容器里放点树叶，或是故意将垃圾散落，来试探这家人。如果和他们的性情投缘，科博德就会长住下来，哪怕家里只剩一个人活着，它也会留在那里。

橡树妖

世上有一种“妖怪寄居的树”。比如在冲绳，很久以前人们就相信榕树里有被称作“克吉姆那”的树精，古树里寄居着精灵。

不仅在日本，世界各地都有类似的传说，英国的“橡树妖”便是其中之一。橡树在西方被认为是神圣之树，人们相信那里住着妖精。

栖居在树中的妖怪，或是山里的山神，常常会对途经树下的行人搞点恶作剧。若是更加凶恶的妖怪，则会将人类抓来吃掉。

这里所说的“橡树妖”是个胖墩墩的小矮人，长着红鼻子，戴着好似毒蘑菇的红帽子，乍一看并不可怕。

但是，“人不可貌相”这句话对妖怪也是适用的，橡树妖其实非常阴险。一旦它想除掉对方，就会用蘑菇做成假食物来引诱对方，并将其带到自己的地盘——杂木林中。然后，在那里慢慢享用这份美餐。

它们和日本的“山神”有些相似，但日本的“山神”性别不定，有人说是男的，有人说是女的。

这种妖怪和日本的“呼子”，也就是“山间的回声”有些相像，但可能和“柳树精”最为相近。“柳树精”总是在夜里出来，像橡树妖那样搞些恶作剧。

日本自古就有“柳树下面冒出幽灵”的传说。至于橡树，有些地方认为在院子里种上橡树就会变成有钱人，但也有地方（高知县等地）认为橡树是不祥之树。

杜尔加

“杜尔加”是一种危害人类的英国北部的小矮人。

在一个冰冷彻骨的寒冬之夜，迷路的旅人终于找到了一间牧羊人的避难小屋来躲避风寒。进去一看，屋内空无一人却点着壁炉。旅人赶紧添了些柴火，在旁边的石头上坐了下来。

这时，小屋的门哐当一下打开了，一个只有旅人膝盖那么高的小矮人走了进来，狠狠瞪着旅人。他穿着羊羔皮做的上衣，鼹鼠皮做的裤子和鞋子。

旅人一见小矮人就意识到了：这是人类危险的敌人杜尔加，所以一言未发。旅人和杜尔加围着壁炉，互相注视着对方，谁也没有说话。

过了一会儿，火逐渐变弱，屋内越来越冷。无法忍受的旅人就往火里添了把柴火。杜尔加用愤怒而轻蔑的眼神看着旅人，从身后捡起一根粗圆木，用自己的膝盖将木头断成两截，对他说道：“你小子，行吗？”

然后，杜尔加又盯着旅人，仿佛在说“有本事你也拿根圆木试试啊”。旅人心想这可能是圈套，就按兵不动。

没过多久，远处传来第一声鸡鸣，天空开始泛白。杜尔加突然消失了，小房子和壁炉也消失得无影无踪。

旅人坐的那块石头竟然就在悬崖边上。他若是接受了杜尔加的挑衅，起身去拿木棍，也许就会一个倒栽葱跌入深谷了。

雅莱利·布朗

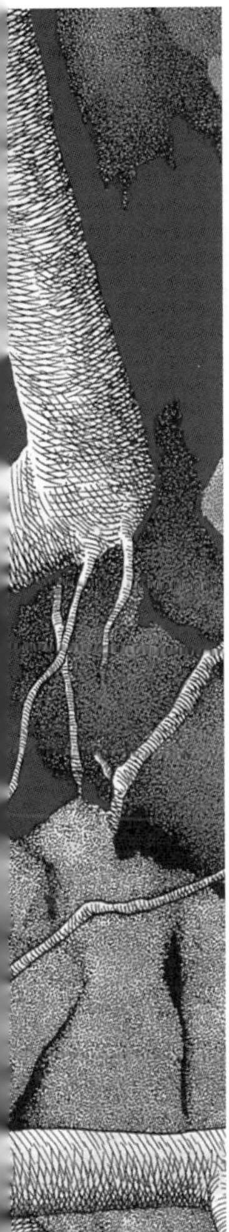

这是流传于英国的故事。一天晚上，一位名叫汤姆·泰伯的年轻人在下班途中听到了婴儿的啼哭声。他仔细一听，那声音是从被称作“外邦人之石”的石头那里传来的。汤姆搬起石头一看，那里有一个像一岁孩子那么大的奇怪生物，全身被自己金黄色的头发和胡子死死缠住了。

汤姆赶紧帮它解开了。那家伙说，为表感谢，可以满足汤姆任何愿望。汤姆说自己没什么想要的东西，但是最近工作很忙，如果能帮他一下，就感激不尽了。“我知道了。你的工作包在我身上了。但是，你绝不能感谢我。哪怕只说一个‘谢’字，一切就会化为泡影。从现在起，如果需要我帮忙，你只要说‘雅莱利·布朗哟，快来帮帮我吧’就行了。”说完后，它捏起蒲公英的花瓣，对着汤姆的眼睛吹了一下，就消失得无影无踪了。

第二天早上，汤姆去上班时，发现自己的工作都已经做完了。一开始他喜出望外，可看到其他人的工作后不禁大吃一惊。因为除他之外，所有人的工作都被搅得一团糟。汤姆赶紧喊道：“雅莱利·布朗哟，快来帮帮我吧！”雅莱利·布朗现身后，汤姆说：“你帮我把之前的工作做了，非常感谢！但是，从今以后，我自己的工作还是自己来做吧。”

听到这些，雅莱利·布朗突然放声大笑：“你这个傻瓜！我可是说过不能说感谢的话哦。今后我可要给你捣乱喽。”

据说从那以后，汤姆无论做什么事都不顺利。

艾萨松

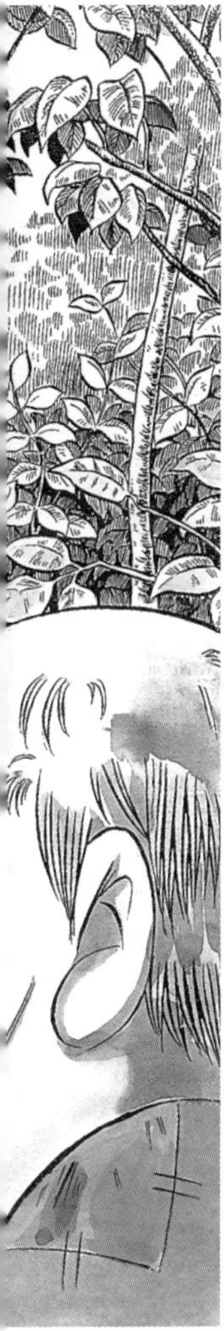

英国有位总是走霉运的农夫，名叫劳利·布。他的妻子疾病缠身，无法料理家务；田里的庄稼害了枯叶病；家里的牲畜也病怏怏的。最后他不得不把农场转手他人。

某天，劳利正要垂头丧气地出门，不知从什么地方冒出来一个东西拦住了他。原来是小小的透明生物“艾萨松”。

“今后我们不会再为难你了！”艾萨松对劳利说。接着又对劳利的妻子说，你只要把蜡烛都吹灭，把壁炉收拾干净，之后的家务就交给我们吧。

那天晚上，夫妇二人按照和艾萨松的约定，把壁炉周围收拾得干干净净，早早地睡觉去了。后来，他们听到楼下传来大笑声和吵闹声。早上起来一看，别说家里了，就连农场都被收拾得妥妥当当。自那以后每天都是这样。不久，妻子恢复了健康，家畜和家里的积蓄也日渐增多。

转眼三年过去了。有一天夜里，妻子无论如何都想看一看艾萨松的样子。她瞥了一眼正在睡觉的丈夫，悄悄走下楼梯，打开一条门缝，向里面偷看。只见一群小家伙正欢快地转来转去，麻利地干着活儿。妻子被它们的笑声感染，不小心也笑出了声。突然间，蜡烛“噗”地一下被吹灭了，紧接着传来一阵慌乱的喊叫声和逃跑声，然后便安静下来了。妻子再一看，已经看不到艾萨松的影子了。从那以后，艾萨松再没有在劳利家出现过。

不过，好运气并没有离开劳利家，这家人一直家运昌盛。

希布

“希布”是一种住在山丘上的英国妖怪。它们会借钱给穷人，如果那人不在约定的时间还钱，就会遭到惩罚。

希布是不会在晚上外出走动的。白天，它们和同伴一起走访人类的家。如果所到人家备好了干净的水和洁净的毛巾，它们就会在那里给自己的孩子洗澡，在火炉旁取暖，然后在那家人的盆里或鞋里放下钱离开。

若是那户人家没有准备这些，希布就会用汤、牛奶、啤酒给孩子们洗澡。它们不喜欢邋遢的主妇，会用镀金的婴儿尿布擦洗主妇的脸和手，还会把她带到河边，往她的头上和耳朵里泼水。

日本也有河童将木碗借给人类的故事，而希布则更接近于神。

日本东北地区的“生剥鬼”、北陆地区[①]的“甘剥鬼”等，好像都是警告懒惰之人的妖怪。日本有许多这类好妖怪。

土佐有一种叫“烫伤刮”的妖怪。如果长时间窝在被炉里，人的腿上就会烤出印记。烫伤刮会在人类去茅厕时挠那印记。它也是个好妖怪。

英国的希布比它还要好，更像是福神。

① 日本新潟、富士、石川、福井各县的总称。

波吉

“波吉”是一种喜欢恶作剧的英国妖怪，尤其爱在农夫们劳作时捣鬼。

一天，一位农夫正在田里耕种，波吉来了，说道：“这块田地是我的，所以田里长出来的东西都得归我。”农夫觉得太荒唐，便断然拒绝了，可波吉仍然坚持。农夫灵机一动，有了个好主意，就对波吉说：“地面以上收获的东西归我，地面以下收获的都归你吧。”

波吉同意了。

那年春天，农夫种了小麦，于是就把麦茬和根给了波吉。到了第二年，波吉说：“这回地面上的东西归我。”于是农夫种了芜菁，波吉只得到了芜菁的叶子。波吉怒不可遏，等到第三年，它对农夫说：“这回种小麦。咱们比赛割麦子，谁赢了就全都归谁。”

于是，两人磨完镰刀，就在各自的区域内割起小麦来。

农夫那边割得很快，波吉这边却没什么进展，最后镰刀刃完全割不动了。气急败坏的波吉便问农夫什么时候才能再磨镰刀——比赛规定，双方必须一起磨镰刀。

“再过两三个小时吧。”农夫回答。波吉看到败局已定，便扔下镰刀，无精打采地回去了。

其实，农夫事先在波吉收割的那片麦田里插入了许多细铁棍。

蓝短裤老人

这是英国一种爱搞恶作剧但不害人的守护精灵。

很久以前，它住在萨默塞特的一个鞋匠家里，和那家的儿子交情很好。

为什么叫它“蓝短裤老人”呢？据说是因为这个精灵出现在鞋匠儿子面前时是位老人，还穿着肥肥大大的蓝色短裤。而在平时，它或是化作一缕青烟穿过屋子，或是变成一头黑猪从房间跑过，谁都没有看到过它真正的样子。

蓝短裤老人没做过什么坏事，因此鞋匠全家尤其是儿子，都是用善意的目光看待它的。

有一次，鞋匠的儿子对教堂的神职人员说了蓝短裤老人的事。那家伙心想，这一定是个恶魔，得将它驱除。于是他向鞋匠儿子隐瞒了真实意图，带着两位驱魔的牧师，来到了鞋匠家里。被蒙在鼓里的鞋匠儿子，指着鸭池旁边的白色老马，告诉他们说：“那就是蓝短裤老人。”一个牧师说：“那匹马就是吗？你给它套个马鞍看看。”

鞋匠儿子想要证明自己和蓝短裤老人很亲近，就高兴地走上前去，很容易就给低下头的马套上了马鞍。这时，两个牧师大声喊道：“那家伙是恶魔，快点从这里滚开！”

受到惊吓的蓝短裤老人跳进了池中，从那以后再也没有出现过。

戏谑恶魔

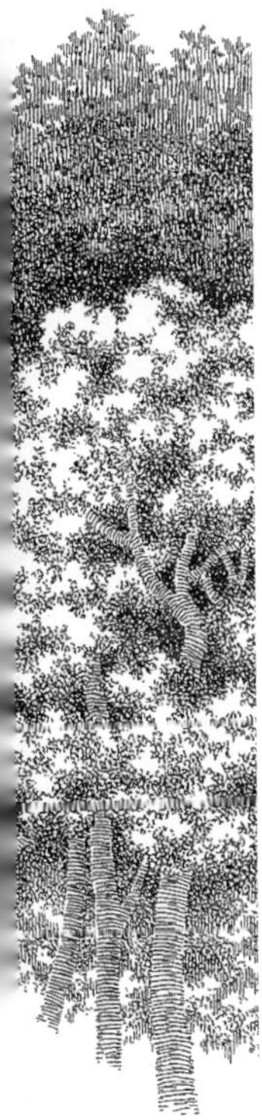

恶魔当中也有性格像天使一样的家伙。为什么它们会被列入恶魔名单呢？也许是因为很久以前人们就认定这是恶魔，所以我们也只能这么认为吧。

“戏谑恶魔”并不是夺人魂魄的恐怖妖怪，只是非常热衷于戏弄人类。它们会变幻成各种样子出现在人类面前，但很少变成女人。

从前，在英国的某个村子里，发生过这样的事。

一个农妇舍不得付磨面粉的钱，就在深夜来到磨坊，想要偷偷地把小麦磨成粉。周围空无一人，她顺利地磨好面粉，准备回家。刚走到外面，就看到一只大黑狗在瞪着自己，仿佛马上就要咬人似的。她很害怕，就扔给那只狗一把面粉。狗眨眼间就把面粉吃掉了，然后又一动不动地盯着她，像是在说“再多给一些”。她又给了它一把面粉，并趁机向前走了一点。狗吃完之后依然催要面粉。就这样重复了好多次，终于走到了家，可是面粉也全没了。女人沮丧地看向大狗，那狗突然笑了起来，说道：“你可是付了不少磨面粉钱呢。”说完就不知所踪了。

这便是戏谑恶魔的一个例子。据说赶走它的最好方法是念诵神的名字。

蚁精

在英国的康沃尔语（康沃尔半岛的少数人使用，现已灭绝）中，“蚁精”是“蚂蚁”的意思。住在这里的人们认为杀死蚂蚁是不吉利的，因为他们相信蚂蚁是妖精变小后的样子。

据说，妖精有变身的能力。每次变身时，除了外形会改变，个头儿也会越变越小。最后一次变身时会变成蚂蚁，若再变身就会死掉。虽然无法判断它们变身的次数是不是固定的，但这种妖精是符合自然规律的、像昆虫一样的妖精。

在日本,有很多地方流传着“食用蚂蚁能强身健体”“吃三只就会变成大力士”等说法。在冲绳，传说“吃了蚂蚁唱歌会很好听”“舔一合[①]盐，就会听到蚂蚁唱歌”等。虽然没有蚁精这类妖怪，但日本人自古以来都相信蚂蚁拥有神秘的力量。也许是看到蚂蚁能够搬运比自己身体大很多倍的食物，觉得蚂蚁十分强壮，才会有这样的联想吧。

在长崎县的壹岐，即使便当里混进了蚂蚁，人们也会若无其事地吃下去。国外也有一些地方将蚂蚁当作食物。如此看来，蚂蚁身上说不定真的隐藏着某种不为人知的神秘力量呢。

① 每合约等于 0.18 千克，十合为一升。

骷髅汤米

骷髅开口说话、袭击人类的传说有很多。在日本有“巨大骷髅”“骨女”“狂骨”等妖怪，《平家物语》中也出现过骸骨奇谈。

如果仔细探究，恐怕世界各地都有骷髅妖怪，这里说的是英国的“骷髅汤米”的故事。

骷髅汤米的正式名字是“骷髅头和交叉骨”（由颅骨和两条交叉的大腿骨组成，是妖怪和恐怖之物的象征）。因为正式名称太长了，大家便逐渐用起了俗称——骷髅汤米。

英国人认为骷髅汤米是引诱孩子进入深水池塘的水中恶魔。所以，父母严厉禁止孩子去骷髅汤米出没的老旧泥炭土坑或池塘。

骷髅汤米还会将撒谎的孩子带到恐怖的尸骨山。所以孩了们非常怕它。

日本也有在池塘出没的妖怪“长手婆”，长手婆会吓唬在水边玩耍的孩童。其实这反映了父母的一片苦心，他们是想借此告诉孩子在这种地方玩耍很危险。“骷髅汤米”大概也与之相似吧。

以前有许多孩子在海里或水中丢了性命，这在如今是无法想象的。

我还记得，小时候一到夏天，就能看到提着灯笼四处寻找孩子的人。

布罗拉罕

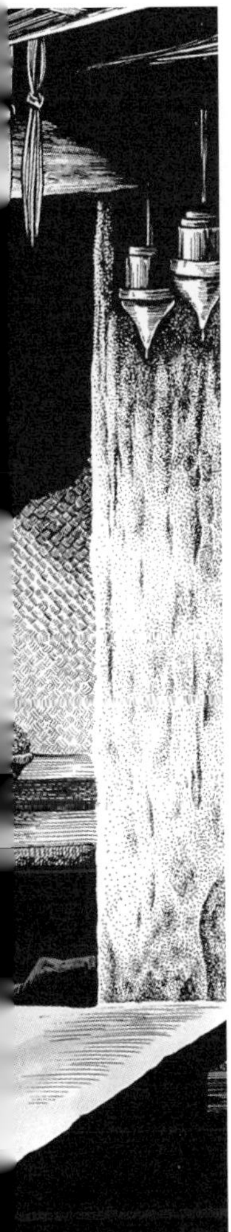

这是发生在苏格兰的故事。阿里·穆拉伊是个瘸子，没法像普通人那样干活儿。磨坊主可怜他，对他多有照顾，还把自己家的一个角落让给他作为栖身之所。

一个寒冷的夜晚，穆拉伊正独自一人躺在火炉旁烤火，“布罗拉罕”突然来了，和他一起烤起火来。

布罗拉罕是住在水车槽里的妖怪“布亚”的儿子，虽然有眼睛和嘴，却只会说两个词：“我”和“你”。

他们一动不动地烤着火，过了一会儿，火变小了，穆拉伊便添了新的泥炭进去。结果灼热的灰烬迸了出来，把布罗拉罕烧伤了。布罗拉罕顿时放声大哭。听到哭声的布亚急忙赶来，问道：“我的布罗拉罕，是谁把你弄成这个样子的？”布罗拉罕回答说：“我。”“要是别的什么家伙干的，看我绝不轻饶他。”布亚说完，怒气冲冲地带着布罗拉罕走了。

布亚总觉得犯人另有其人，就在那天夜里袭击了路过磨坊附近的女人。那女人急忙逃跑，一只脚刚踏进家门口，另一只脚就被布亚扯住了。就这样，她变成了一个瘸子，就像穆拉伊一样……

乌利斯科

“乌利斯科”是一种人脸羊身的妖怪。在一般人的印象中，山羊是很温顺的，但苏格兰的妖怪乌利斯科却性情暴躁。虽说脾气暴躁，却不伤害人，反而喜欢与人亲近，甚至依恋人类。有的乌利斯科会一整晚跟在旅人的身后行走。有的还会帮人看护家畜，帮忙干农活等。人们认为乌利斯科出现在家里是个好兆头。

乌利斯科一般出现在空寂的池塘边，喜爱单独行动。但到了某一时期，乌利斯科们会在湖边的洞穴举行集会。

它就像是日本“天邪鬼”和“拽衣袖小僧”的结合体，但性情没有天邪鬼那么坏。

喜欢与人亲近这一点很像“啪嗒啪嗒怪”。无论东方还是西方，都有着非常相似的妖怪，这让人非常感慨。也许人类无论身在何处，都会想象或思考相似的事情。

直到 18 岁左右，我都觉得山里有某种神秘的东西。一到星期天，我就拿着火筷子跑到山里，一旦发现类似小矮人的家或虫子洞的地方，就用火筷子戳来戳去。

结果当然是什么都没有，但我还是很开心。

只有身处幽静寂寥的山中，人们才能想象出乌利斯科这种妖怪。

吉鲁穆利斯

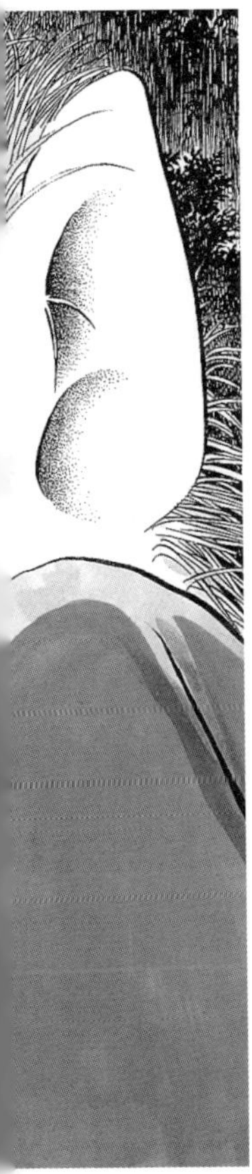

“吉鲁穆利斯”出没于苏格兰的磨坊，它没有嘴，却有着大大的鼻子。

它为了磨坊主人和家族的繁荣昌盛竭尽全力，还拥有预知疾病或不幸的能力。它一哭叫，就预示着将有坏事要发生了。它应该是一种守护神。

它平常喜欢搞点恶作剧，比如向晾在地上的大麦里撒灰等等。

不知为何，只有磨坊主才能制止吉鲁穆利斯的恶作剧。“年老的吉鲁穆利斯哟……”只要磨坊主一念咒语，它就会气喘吁吁地现身，听从主人的命令。

想必吉鲁穆利斯是磨坊精灵或家神吧。

走进水车磨坊时，总有一种奇怪的感觉，似乎这里住着什么东西。吉鲁穆利斯大概也与这种感觉不无关系吧。

若是小屋破旧不堪，这种感觉就更加强烈了。而且水车自顾自地在那里转动，就更让人觉得有精灵在帮忙了。

法罕

传说“法罕”生活在苏格兰高地上。

法罕面部中央有一颗巨大的眼珠，胸前长出一只手，腰上长着一条腿。这家伙不仅外形奇特，而且性格阴森野蛮，可谓臭名昭著。

日本有种叫“呼子”的山谷回声怪，长着一只眼睛、一条腿，和法罕颇有些相像。不过，法罕与其说是妖怪，更像是一种山精灵。

自古以来，大山就被视为异界，人们认为那里聚集了许多死灵或神灵。小时候我经常去山里，总感觉山里有灵气，就算有山神或者山妖存在也没什么可奇怪的。

大约十年前，我读了一本叫《山神研究》的书，说山神的形态不是固定的，有的是女性，有的是男性，有的是一条腿，有的是一只眼。地方不同，形态也各种各样、千变万化。这大概是因为不同的山散发的灵气不同的缘故。

不管怎样，苏格兰妖怪法罕的外形，想必也是源于人们感受到的山中灵气吧。

比昂妮

“比昂妮”是死于难产的女人的灵魂，出没于苏格兰高地和爱尔兰，别名“浅滩的洗衣小人儿”。因为比昂妮是难产而死的，算不上寿终正寝，所以在“本来的”寿命结束之前，它都不得不在河边浆洗被死人血弄脏的衣服。

日本有这样一种说法：地狱亡灵中那些生前不孝顺父母的人，会一直用竹篮在河边打水，永远忍受徒劳无功的痛苦。比昂妮的死亡并非自己本愿，却也要做这样的工作。我感觉她们才是无法超脱的灵魂。

生孩子对女性来说是生死攸关的大事，世界各地都有此类悲剧发生。与其说她们是妖怪，不如说是可怜的冤魂。

东南亚的“庞南加兰”“兰斯比鲁”等，也是和女子生产有关的妖怪。不过她们也做坏事，所以当地也有驱逐这些恶灵的秘诀。

在日本，“产女（姑获鸟）”是死于难产的女性幽灵。这种妖怪会抱着孩子出现在阴暗的街道或十字路口，请路过的人帮她抱孩子。如果路人动了恻隐之心将孩子抱了过来，就会发现怀里的婴儿其实是石头或打稻草的槌子。

日本四国山里的妖怪“儿啼爷”会在山中哭泣，若是有人觉得可怜把他抱起来，他就会变成一百贯[1]重，让人动弹不得……估计这也和“产女”的想法有关。

① 1贯约等于3.75千克。

妖精

妖精们聚在一起，一边大快朵颐，一边手舞足蹈的故事，在欧洲尤其是爱尔兰等地广为流传。妖精们的食物丰盛而豪华。他们喜欢吃银草的根和欧石楠的茎，还有红鹿或山羊的奶、大麦粉等。为什么有大麦粉？大概是因为妖精来向人类借谷物的时候总爱借大麦的缘故。也有人断言妖精的食物里掺有杂草，甚至说它们只吃树叶，所以，妖精也是多种多样的，种类不计其数，和妖怪差不多。

在英格兰斯蒂芬国王时代，约克夏郡的迪利发生过这样一件事。

在距离东边海岸不过几英里的地方有一座城镇，镇上有位农夫。某天，他去看望邻镇的一个朋友。夜阑时分，喝得酩酊大醉的农夫正走在回家路上，忽然听到很多人欢快歌唱的声音。这声音是从哪儿传来的呢？农夫循声而去，发现是从路边的坟冢里传出来的。农夫很纳闷，什么人会在深更半夜钻进坟墓里去呢？他又走近了一些。坟墓的侧面有扇门开着，他就从那里往里窥视。里面灯火通明，宽敞明亮，聚集了一大群男男女女，正在举办盛大的宴会。过了一会儿，里面有个人发现了农夫，来到他身边，递给他一个酒杯。农夫接过酒杯，并没有喝里面的东西，而是倒掉了，然后抓着容器就跑。跑啊跑啊，终于回到了城镇。据说，最后他把那个不知道是用什么材料做的酒杯献给了国王。

拉娜希

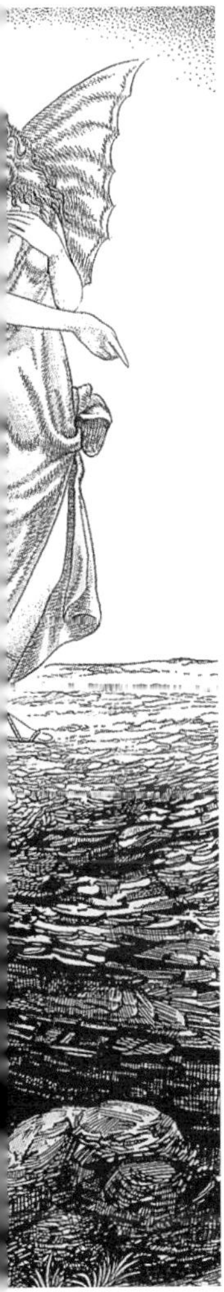

“拉娜希”妖艳魅惑，会夺去被诱惑的男人的生命。但在爱尔兰的传说中，拉娜希是诗人和艺术家的灵感源泉。

尤金已离开自己的祖国爱尔兰很长时间，终于作为国王再次踏入这片国土。

但是，他的喜悦转瞬即逝，因为一路上他看到：宫殿的大厅里纸醉金迷，百姓却忍饥挨饿，这个国家人人都看不起国王。

尤金为自己的无能为力感到失意、痛苦，于是唤出了诗的精灵“艾丁”。艾丁拥有拉娜希赋予的作诗和预言能力。艾丁现身后说道：“来吧，现在你必须振作起来。国王哟，像个真正的英雄一样去拯救这个国家吧。不要畏惧。国王应该用力量和正义统治自己的国家。”

艾丁的语言强而有力，尤金国王在这番忠告的指引下，内心恢复了平静，最终成功地治理好了国家。

在这个故事里，艾丁就像是救世主。但实际上是拉娜希赋予了艾丁这种极富感染力的语言才能。

拉娜希赐予预言家们坚定的内心和富有生命力的语言。

爱琴

这种美丽的妖怪是日本没有的。爱尔兰的达南族王子玛伊达安和妻子法姆娜芙一起住在斯利布·卡拉力伊。可是玛伊达安很快又娶了新的妻子，新娘的名字就叫爱琴。爱琴高贵而美丽，自然遭到了法姆娜芙的嫉妒。她给爱琴施了可怕的魔法。可怜的爱琴变成了蝴蝶，被法姆娜芙制造的暴风雨吹走了。

爱琴在广袤的艾林大地上飞舞了七年。有一天，一阵风吹来，将爱琴带到了伯恩河畔一座好似妖精王宫的窗户里。那里是安格斯的王宫，安格斯只看了一眼，就知道这只蝴蝶是爱琴。在这里，人类以外的一切生灵都无所遁形。安格斯想方设法为爱琴解除魔法，却终未如愿。于是，他为爱琴建造了一座阳光普照的亭子，周围盛开着长满香甜花蜜的鲜花。在那里，爱琴和安格斯喃喃细语，甜蜜传情，到了深夜的私密时刻，二人便沉浸在恋爱的喜悦中。

但这样快乐的生活最终还是被法姆娜芙发现了。爱琴再次被魔法风暴吹走。这次被吹到了乌鲁斯塔亚的王宫里，并且正好落在了国王埃塔亚的妻子举起的酒杯里，和酒一起被喝进了王后的肚子，进入了子宫。

如此一来爱琴便成了埃塔亚妻子的孩子，也就是说，她作为人类获得了重生。

梅隆

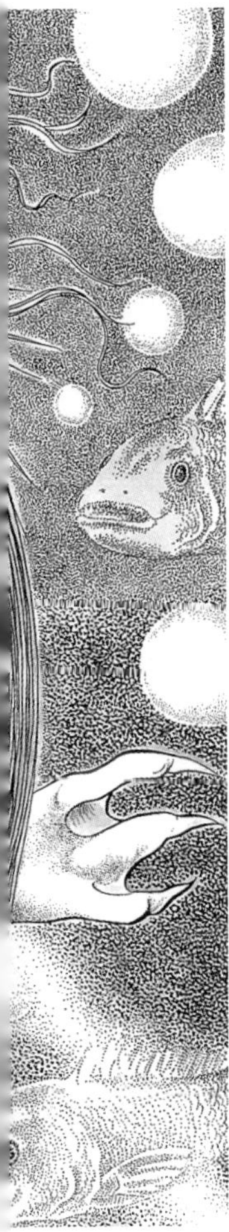

在爱尔兰，据说在暴风雨来临之前可以看到美人鱼“梅隆”。这通常被当成凶兆，但梅隆并不会直接危害人类。

梅隆是人鱼中最老实的一种，有的甚至会爱上渔夫。梅隆如愿和人类结婚后，就会生下全身长着鱼鳞、手上长蹼的孩子。

梅隆还会变身，有时会变成没有角的牛出现在海边。这个时候它必定戴着一顶有红色羽毛的帽子，有了这顶帽子就可以潜入水中。

如果有坏心眼儿的人类偷走了这顶帽子，梅隆就再也回不到海里了。帽子对梅隆来说就像是仙女的羽衣一般。

也有少数梅隆是男性。男性梅隆和女性梅隆的容姿大相径庭，它们非常丑陋，脸和身体都是绿色，只有尖尖的鼻子是红色。虽然相貌难看，但据说男性梅隆性格温良，而且很幽默。

看来在爱尔兰的陆地和水中都生活着许多神秘的生物。

帕斯哈

“帕斯哈”栖息在爱尔兰的法德利湖中，是头邪恶的妖怪，为人类所恐惧。

从前，有位叫摩尔亚的圣者为了筹集建造教堂的资金而周游爱尔兰。路过德鲁姆斯纳附近的湖边时，他发现湖里有两个少年在游泳，而少年们的身后有头怪物紧随其后，那怪物的头有一艘小船那么大。摩尔亚为了不让少年们受到惊吓，就小心翼翼地对他们说：“小伙子们，快游到我这里来。谁先到有奖励！”

少年们一听，就拼力游向摩尔亚。等他们游到岸边，摩尔亚伸手将二人安全拉上了岸。

上岸后，少年们才回头看湖面，立刻被眼前的恐怖一幕吓傻了。那令人毛骨悚然的怪物已经追到了他们跟前。

摩尔亚将少年们拉到身后，迅速举起手杖朝怪物的胸前刺去。怪物发出恐怖的吼叫声，打了个滚儿，痛苦地逃到水里去了。之后，摩尔亚又念诵咒语，确保怪物不再出现。

在当地人眼里，帕斯哈与其说是水中妖怪，不如说是危害人类的恶魔。

库耶列布希

“库耶列布希”居住在西班牙通往地底的深泉之中，是有翅膀的龙。等它渐渐长大，鳞片变得又大又硬，它就会飞离西班牙，移居汪洋大海。

大海的海底和洞窟里藏着数不尽的金银财宝，库耶列布希便负责看守这些宝藏。

人类很难接近这种生物，不过只要不靠近它也就不会被袭击。但是，住在泉水中的幼年库耶列布希会袭击人类和家畜并吸食血液。虽说库耶列布希随着年龄增长鳞片会变硬，但原本它的鳞片就比普通鱼鳞硬很多，据说连子弹都穿不透。想必它飞去大海时，鳞片已经像铜墙铁壁般坚硬了。

在西班牙，传说有库耶列布希居住的地方，人们会用大麦和玉米粉做成面包来供奉这种怪物。供奉时把面包放在泉水边，说道：“尊敬的库耶列布希，请张开嘴，我们为您献上面包了。”这时泉水中就会出现库耶列布希的身影。当地的人们相信，这样一来，怪物就不会再袭击羊了。

希腊神话中有条“永不睡觉的龙”，在金苹果园里看守金苹果树，后来被赫拉克勒斯杀死了。有人认为库耶列布希是这条龙的化身。在神话中，赫拉克勒斯是用烧热的石头代替面包扔进龙的口中将它杀死的。所以，只要攻击库耶列布希的喉咙就可以打败它。

飞翔的荷兰人号

这是一艘出现在喜望峰附近海域的幽灵船。荷兰人号的船长亵渎了神灵，所以在最终审判到来之前，他都必须在海上无休止地与风浪搏斗。诸如此类的传说有很多。

1647 年，在罗德岛州（美国东北部的州）建造的一艘载重一百五十吨的船，搭载着乘客和贵重的物资从纽黑文起航。起航当天正值严冬时分，港口海面结了一层冰。船沿着冰面上凿出的一道裂缝，在牧师和众多友人的目送下缓缓驶向大海。

到了第二年春天，人们没有从来自英国的船上得到这艘船的任何消息，纽黑文的居民已经对这艘船不抱什么希望了。又过了些日子，在六月的一个午后，西北方电闪雷鸣下起了大雨。当雷雨终于停息、太阳西沉之时，人们看到空中出现了一艘大船。那艘船船帆升起，旗帜飘扬，顶着狂风和海浪，缓缓驶向港口。

船驶进港口时，人们能看到船尾楼上立着一个男子，手举出鞘之剑，直指海面。

但是，随着船继续行进，即将来到人群面前时，突然，仿佛有狂风袭来似的，船的大桅楼（船帆顶部的瞭望楼）被吹走了，随后所有的桅杆、船帆等都被一一吹走，只剩下了船身。再后来，就连船身也开始迅速倾斜，最后沉没在雾一般的云层之中了。

这艘船正是那艘在隆冬时节从纽黑文扬帆出海的船，已经变成了幽灵船。

水男

这是一种别名“水爷爷”的水精灵，居住在俄罗斯的河川、湖泊、沼泽的水底深处。它大抵是光头老人的形象，在磨坊小屋旁边的水底饲养着很多牛、马、羊、猪等，每天晚上都会把它们带到陆地上吃草。

这位老爷爷属于从水里获得法力的妖怪。它心情好的时候会守护渔夫和船客，不高兴的时候则会弄翻船只、拔掉水车的钉子、让河水泛滥淹没磨坊。

水男也会出现在集市上。如果他以高价买入粮食，就是收成不好的预兆；若是以低价购买，就一定是个丰收年。

人们把水里发生的事件都归罪于水男。据说河流、湖泊的水之所以会溢出堤坝，是因为水男在自己的婚宴上喝醉了酒。他不仅娶女性水精灵，还会娶淹死的人类女孩。

冬天，水男会在水底的居所冬眠，春天来临时再醒来。水男从冬眠中苏醒时，因为腹中饥饿会变得脾气暴躁，于是就破冰翻浪，惊吓鱼群。为了平息它的怒火，人们便将涂有蜂蜜的马投进水里来供奉它。据说水男为了得到祭品，会让江河湖泊的水涨满三日，还会用阴森骇人的声音吼叫。

俄罗斯恶魔

有位壶店老板乘着马车出门，路上一个男人对他说：

“这位老爷，您能不能雇用我呀？”

两人便商量了起来，谈好薪水后，壶店老板就带着那男子回家了。到家后，那个人对主人说：“请准备四十车黏土，我明天就开始工作。我每天夜里工作，到时候你绝对不要来仓库。”

到了第二天夜里十二点，仓库里传来哐啷哐啷、骨碌骨碌、叮叮当当的声音和欢快的笑声。主人一直忍着，最后终于忍不住了，来到仓库，从门缝往里面偷看。只见一个恶魔和许多小恶魔正蹲在那里一刻不停地做壶呢。主人雇来的男子原来是个恶魔。天亮后，主人再次来到仓库，发现它们一晚上居然做了四万只壶。

“嗯，今晚就把这些壶烧出来。”

恶魔很坦然地对吃惊的主人说道。

就这样，恶魔们只用了两个晚上就把四万只壶一个不剩地烧制完成，连图案都画好了，并且全都装到了车上。主人把这些壶运到市场，半个小时就卖完了。恶魔分到了一半的钱，告别主人后便消失了。

一个星期后，壶店老板又来到市场，这回竟没有一个人买他的壶，反而传来一片骂声。因为恶魔做的那些壶倒入水之后就稀里哗啦碎掉了。从那以后再也没有人来买壶了，壶店老板最后只得潦倒一生。

维吉

“维吉”出现在俄罗斯南部的民间传说中，是一种生活在地下的妖怪。它的形象是个丑陋的老人，会附在人类身上。曾发生过这样一个故事。

在中世纪乌克兰的某个地方，神学院学生赫玛休假回乡途中在一间小屋借宿。屋里突然出现一个老太婆，一点一点向他逼近。赫玛惊慌失措，想要赶走她，但那老太婆力气很大，一下把赫玛按在地上，骑上他的后背，抓过扫帚飞上了天空。束手无策的赫玛只能任凭自己被那老太婆带着在空中飞了一圈，然后又被扔了下来。这时赫玛发现脚边躺着一位年轻美丽的姑娘，刚才的老太婆已不见了踪影。

第二天早晨，当地村落的领主命令赫玛为自己早逝的女儿祈祷三个晚上。于是，赫玛便独自在棺材前诵读祈祷书。他刚开始祈祷，棺材盖子突然打开了，死去的姑娘坐了起来，那正是赫玛在小屋里看到的年轻姑娘。原来是维吉附到了姑娘身上。赫玛在地板上画了一个圆，走进圆里拼命地诵读祈祷书。这样维吉就看不到赫玛了。

天亮后姑娘回到了棺材里，可第二天晚上，她仍然试图袭击赫玛。第三天晚上，维吉知道靠自己的力量无法打倒赫玛，就叫来了许多妖怪，其中还有身形巨大的妖怪。祈祷的力量马上就要耗尽，赫玛正要从圆圈中逃走，这时天亮了。妖怪们开始四散逃窜，维吉也离开姑娘的身体逃走了。

德莫伊

在俄罗斯，“德莫伊”有“家的精灵”之意，斯拉夫的农民们称呼他为“老爷爷”“家主”等。在西欧等地，为了不惹恼妖怪，会称呼它们“好人”“好邻居”等。

家的守护精灵不怎么在人前现身，这在各个国家都差不多。德莫伊也不例外，关于它的外形并没有清晰的描述。它大多都是以浑身长毛的人类模样出现——有着和人类一样的双手，身上长满了绸缎般柔软的毛发。

俄罗斯的沃洛格达州有这样一个传说。

两个男子正坐在屋里聊天。突然，门“砰”的一声打开了，走进来一个高个子的驼背老人。老人长着鹰钩鼻，留着一把漂亮的白胡子。其中一个男子心想：这该不会是德莫伊吧？那老人进屋后便坐在壁椅上，既不向神灵祈祷，也不和二人打招呼，只是死死地盯着他们看。过了一会儿，那个发现老人的男子开始和老人说起话来，但另一个男子没有看到老人，所以以为对方是对着墙壁说话，非常惊讶。这时，说话的男子也发现了异常，于是不再说话，面向老人画了一个十字架，老人瞬间消失得无影无踪。

这应该就是德莫伊。两人同时在场，却有一个看得见，一个看不见，真是有趣。

雷茨

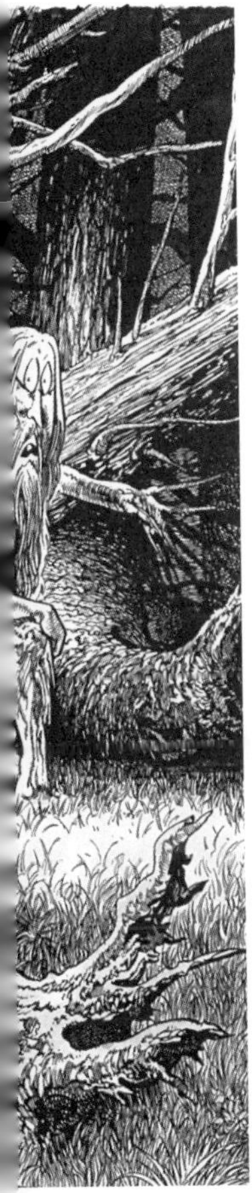

“雷茨”是俄罗斯的森林精灵，长着绿色的长胡子和绿色的眼睛。因为血是蓝色的,所以两颊有点发青。没有影子，身高可以随意变化。雷茨会根据树木的生长情况，一边走路一边调节身高。在森林中央地带,它的头可以够到最高的树，路过灌木丛时，则会变得很小，可以让身体藏在树叶下。

当旅行者和猎人快要闯入森林深处的雷茨的王国时，雷茨会让他们迷路，然后再将他们带回到原来的地方。要想从雷茨手中逃脱，只要坐在树上脱掉衣服，再把衣服反穿在身上，并将左脚的鞋子穿在右脚上即可。

对付雷茨还有其他方法。一个住在沃罗涅日的人，讲了这样一个故事。

“走在森林中，会遇到各种奇妙的事情。有时晚上去森林小屋过夜，却莫名其妙地多走了五公里多的路，这就是雷茨捣的鬼。有一次，我想去森林小屋，却怎么都找不到路。正在烦闷的时候，背后突然传来一阵急促的脚步声和击掌声。是雷茨！于是我破口大骂，把它骂跑了。看来这种精灵很怕被人骂。”

波列维克

“波列维克”被称为原野的主宰者、田野之神，在俄罗斯被当作是神和精灵一样的存在。波列维克的外形并不固定，不同地方的传说也各不相同。

在俄罗斯北部，波列维克是个子高挑、全身裹着白衣的美丽姑娘。夏天收获的季节，它会在田间散步，看到中午劳作的男女，就会抓住他们的脑袋，无情地折磨他们。或者让他们长出泥土般黝黑的肉体、两只不同颜色的眼睛，让他们的头上长满绿草。

森林精灵常常喜欢让旅行者迷路，波列维克也是如此。

为了寻开心，它专挑那些走路走到天黑的旅人，让他们迷路。它还会让那些不爱干活儿、就爱躺在自己地里呼呼大睡的醉汉一命呜呼。总之，它是懒惰者的监督员，但即便如此，也不应该夺人性命。

也有取悦波列维克的方法。

在地上挖一个坑，里面放上两枚鸡蛋和一只老得不会打鸣的公鸡，然后将这些作为祭品献给波列维克。不过，献祭的时候不能让人看见。

乌斯托尔

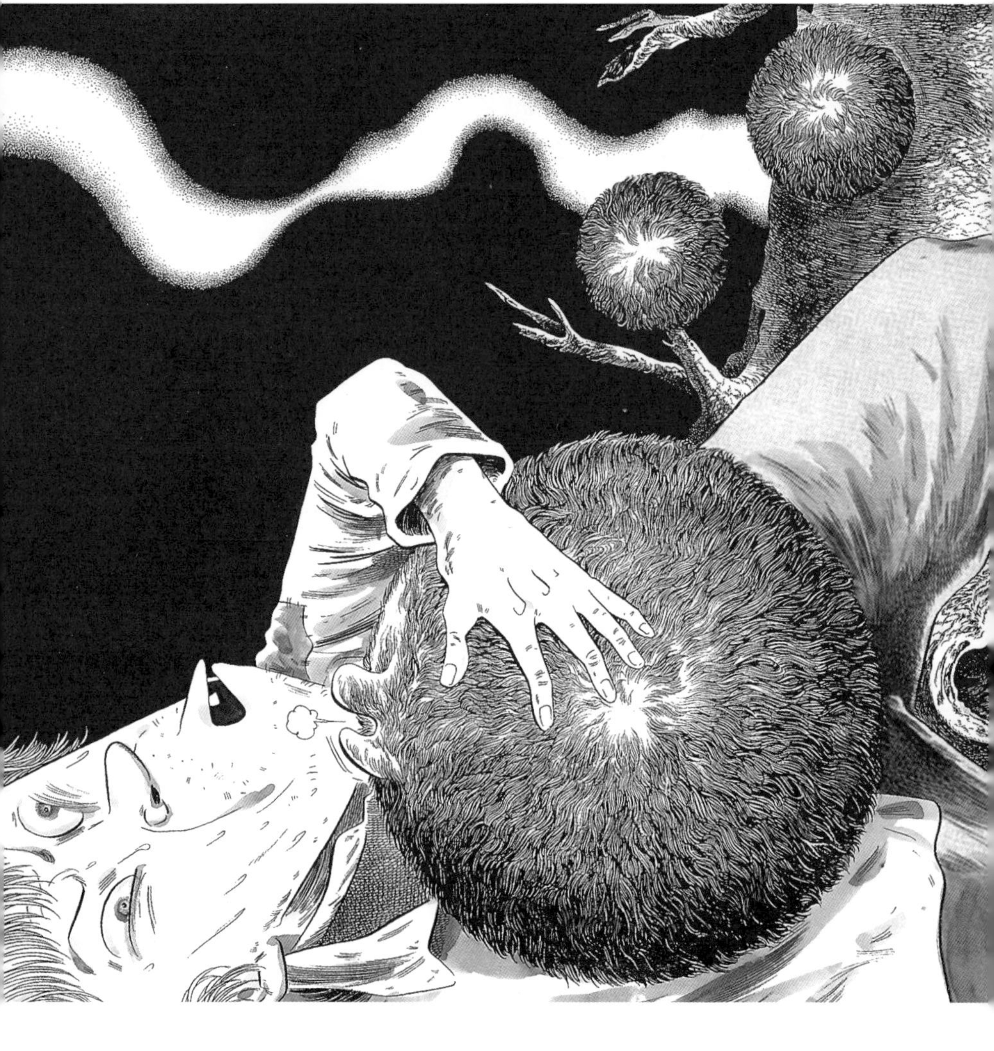

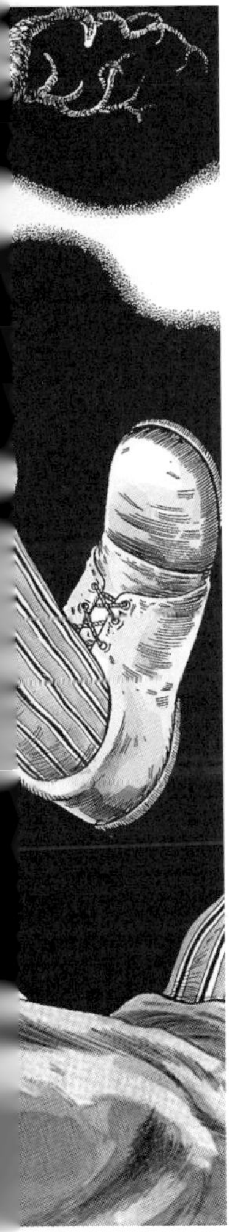

“乌斯托尔”是斯拉夫民族（居住在俄罗斯、波兰、捷克、保加利亚等地）中流传的一种死神。马科图鲁夫斯科的维吉察村里，曾经发生过这样一件事。

一位叫拉契的老爷爷，从水磨坊出来准备回家。此时太阳刚要落山，天气又很暖和，老爷爷忽然想在户外小憩一下，就在离大道十步开外的地上铺上工作服，睡起觉来。

不知过了多久，老爷爷感觉被什么东西压住了。那东西非常重，压得他喊不出声。他伸出左臂，用手一摸，摸到了像动物毛发一样柔软的东西。与此同时，那家伙一下子从他手里溜走了。老爷爷赶紧起身，看见有个奇怪的黑色毛球从他的脚边滚走了。

几分钟后，老爷爷再次躺下。过了两个小时，刚才那个家伙又压到了他的腿上。他翻身起来，却什么都没看到。拉契爷爷回到了村里，把自己的遭遇告诉了大家。

这是遇到了乌斯托尔，不过运气还算不错。

乌斯托尔会附在家畜身上并从其胸口处吸血，还会在人类睡着时从脖子那里吸血。

据说乌斯托尔还会和女人交合，他们所生的孩子长大后就会变成吸血鬼。

人狼

这是波兰维斯瓦河畔的村子举行丰收祭时发生的事。

欢乐的庆典被一阵突然响起的惨叫声打断了。人们急忙朝声音传来的方向赶去,原来是村里最美的姑娘被“人狼”叼走了。青年们追了上去,人狼便放下姑娘,做出恐怖的样子吓唬他们。青年们被吓得不敢上前。人狼见状,又叼起姑娘,全速逃进了森林。这件事就这样不了了之了。

时光流逝,那以后过了五十年,这个村庄又举办了和从前一样的祭典,村民们欢聚一堂。这时,一位白发老人加入了宴会,默默坐下后喝光了递给他的伏特加。有个和老人年纪相仿的农夫,向他打招呼,两人便攀谈起来。聊天时,农夫仔细看了看老人的脸,不由得“啊”地叫了一声。这老人不正是五十年前失踪的哥哥吗?

据老人说,他被女巫变成了狼的样子,祭典时跑来掳走了姑娘。两人共同生活了一年之后,姑娘死了。

“从那以后,我就开始袭击人类,靠吃人肉为生。四年后我会再次变回人形,到那时再来见你们……啊!不行了。我又要变成狼了。”老人刚一说完,就又变成了狼,发出恐怖的嚎叫声,然后又像五十年前那样,消失在了森林中。

德拉库拉

“德拉库拉”至今都被看作是吸血鬼的代名词。众所周知，它会变成蝙蝠，但有时也会变成狼，还能化作一缕烟，从窗户潜入屋里，吸食人类的鲜血。

德拉库拉害怕阳光，大多在夜里行动。人们熟睡的深夜是它最喜欢的时刻。张开血淋淋的嘴唇,露出长长的獠牙，咬住年轻女孩的脖颈，吸足新鲜的血液后回到冰冷的棺木中入眠。

德拉库拉即使被手枪击中也不会死。杀死它的方法只有一个，就是用木桩刺穿它的心脏。这样，德拉库拉就会发出垂死的恐怖尖叫，化作一团灰烬。

吸血鬼的传说以东欧为中心广泛流传于欧洲全境。德拉库拉的起源地是罗马尼业的特兰西瓦尼亚地区，罗马尼亚近年还发生过许多不可思议的事件。

有个吉卜赛女人回忆起小时候父亲去世的场景。父亲的遗体被运到墓地，家人把他的腿抬起来要给他穿寿衣，却发现他的两条腿还是软的，胳膊和其他部位也是，完全没有死后僵硬的征兆。家人们都吓了一跳。

尸体不腐烂意味着这个人吸过活人的鲜血，现在仍然活着。村民们赶紧拿起木棒，依照习俗朝死者的心脏刺去。只要有一丁点儿可疑之处就要补上致命一击，即使那人已经死了。

佛比

很久很久以前，在南斯拉夫，人们经常被不明原因的魔火困扰。稍不注意就会演变成山林火灾，一发不可收拾。

这是一种叫“佛比”的火妖在作祟。一旦起了这样的怪火，就得赶紧为佛比的小庙供奉牛羊，因为魔火就是佛比的怒火。

曾经有个大不敬之人嘲笑那些去供奉祭品的人。结果魔火突然飞到那个人家里,把家当全烧光了。一旦触怒了佛比，要么就落得如此下场，要么就会发疯。

这和日本佐贺县的“天火”很像。

人们发现天火时，会一边念佛一边驱赶。如此一来，天火就会旋转着逃走。倘若置之不理，天火就会滚进家中，把房子烧掉。

火总是从意想不到的地方燃烧起来，演变成火灾，给人们带去灾难。所以人们才会想象出佛比或天火之类的东西吧。

我甚至觉得火里蕴含着某种异次元力量。

水魔

“水魔”居住在匈牙利的古老池塘里，下半身是马，上半身是老人。

它会在岸边放上玩具，只要有人靠近，就会把对方拉进水里。除了人类，水魔也会对马、牛等下手，甚至有人认为它们在水底的牧场里饲养着牛群。

水怪们有一个共同的弱点，那就是害怕铁器。水魔也不例外。日本的河童同样害怕铁。

水怪在西方大都是马的形象，在法国有水马变成人类，拆散恋人的故事。在西方，几乎所有国家都流传着水马的故事，水的魔性借助马的形象大显身手。

说起马和水的关系，日本人大概只知道河童会把马拉进河里，即“河童驹引”。但在欧洲，则流传着很多类似“波塞冬”（希腊神话中的海神、泉神。亦是马神，有时会化作公马）的故事，正所谓“橘生淮南则为橘，橘生淮北则为枳”。

如果追根溯源，这类传说或信仰极有可能来自同一个地区。日本人接触马的时间没有那么久远，所以，不管别人怎么说马和水有关系，恐怕都是难以领会的。

萨壬

“萨壬”是古代斯堪的纳维亚人之间流传的海中怪物。半人半鱼，是人鱼的一种。萨壬喜欢魅惑船员致其死亡，对于在海上工作的人们来说无疑是魔鬼。

萨壬会将鱼的下半身隐藏在海水中，用甜美的声音对着驶来船只上喃喃细语：“来吧，请投入我的怀抱吧。我会对你百依百顺哟。”听到这声音的人，会被魔力控制，失去自我，情欲涌动，纵身跳入大海。入海后就会被化身为凶恶海怪的萨壬一口咬死。

1717 年，西方出版的某部书籍上有如下记述：

“在安波那行政区婆罗洲沿岸捕捉到了类似于‘萨壬’的怪物。怪物身长大约 170 厘米，身形像鳗鱼，在装满水的木桶里活了四天七个小时。它不时发出像小家鼠那样微弱的叫声。给它投喂了小鱼、螃蟹、虾等，但它并没有吃。”

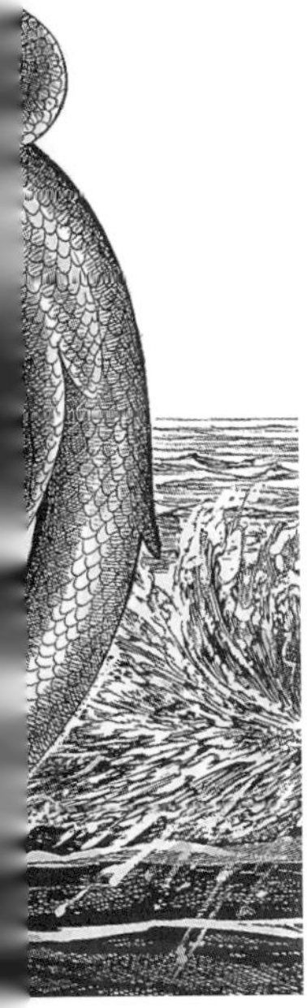

虽然书里没有断定那怪物就是萨壬，不过能够捉到这样的东西，本就是一件趣事。哥伦布在航海之初也曾记录道：“在圭亚那海上看到三只人鱼高高跃出海面。”至少在水手们看来人鱼是真实存在的。

夜叉玛拉

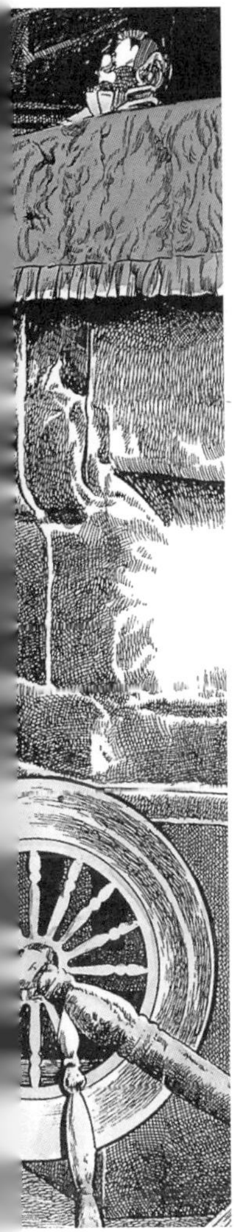

在北欧，传说黑色的女性小矮人会变成夜叉的样子，悄悄出现在人类的家里，爬到熟睡的人身上取其性命。这种夜叉就叫“玛拉”。

有一次，玛拉从某户人家的钥匙孔钻进了屋子。屋里有一个男人正在呼呼大睡，玛拉就像往常那样悄悄跳到男人身上，想掐死他。就在这时，男人醒了，大吃一惊，心中暗忖“是玛拉来了啊”，便赶紧跳下床。他想起如果堵住钥匙孔玛拉就会失去魔力，所以急忙用纸塞住了钥匙孔。然后点亮了灯，往屋里四下张望。发现一个姑娘战战兢兢地坐在角落里，那就是玛拉。

男人向她说道：“你现在成了瓮中之鳖，再怎么折腾，也无济于事了。干脆做我的妻子，和我一起生活怎么样？”

玛拉已经到了穷途末路，只能对他言听计从。就这样，玛拉成了男人的妻子。不过，男人始终不放心，时刻提防着玛拉。

然而，有一天塞钥匙孔的纸不知怎么掉在了地上。妻子看到后，高兴得手舞足蹈，飞一般地奔向钥匙孔，化作一阵烟逃走了。

北欧的人们还相信，夜里被噩梦魇住，就是因为被玛拉阻断了呼吸。

黑矮人

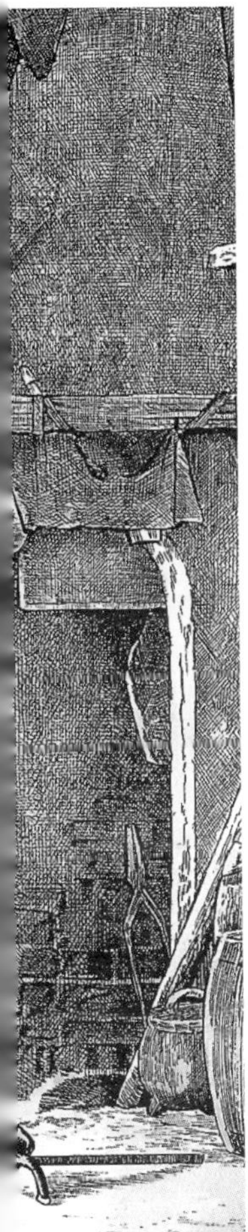

据说居住在斯堪的纳维亚半岛的“黑矮人”，若是发现哪家的孩子特别漂亮，就会偷偷地用自己的孩子去换回来。挪威的一个农夫家发生过这样的故事。

那家生了一个非常可爱的男孩子，父母对他可谓是呵护备至。然而黑矮人发现了他，便用自己的孩子掉了包。一无所知的母亲走近摇篮一看，却发现里面躺着一个浑身漆黑、土里土气的婴儿，一点都不像自己的孩子。母亲大吃一惊，急忙叫来了邻居们。

一位见多识广的老人说：“这是‘狸猫换太子’。你们的孩子太漂亮了，黑矮人出于嫉妒掉了包。”孩子的父母目瞪口呆，老人又说了这样的话：“有一个老法子：在这个孩子的脚底抹上油，把他吊起来，再用火烤他的脚就可以了……”

于是，父母遵照老人的话，给那孩子的脚底抹上油，将他吊在房梁上，然后在下面点起了火。孩子大声喊叫起来，紧接着，不知从哪儿冒出来许多黑矮人。

“不要这么残忍地对待他，我们把孩子还给你们。”说完，黑矮人就把农夫的孩子送回到了父母身边。然后，抱下被吊起的孩子，安慰道：“好了好了不哭了。人类真是太残忍了。”随后便消失得无影无踪了。

卡尔曼

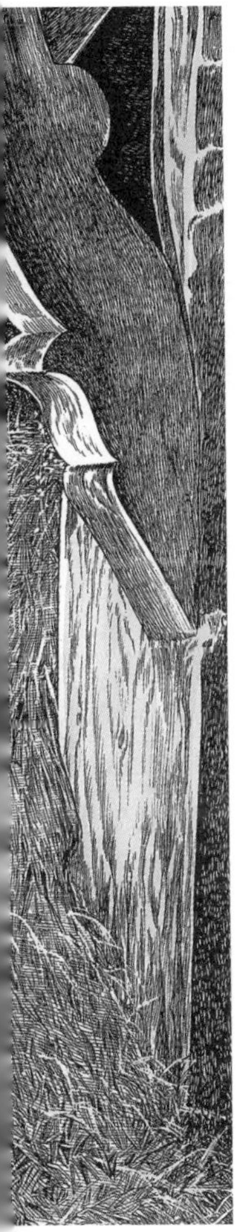

“卡尔曼”出现时会刮起一阵阴风，它来到熟睡的人的枕边，拔下自己的头。拔掉的头变成白烟，顺着人的鼻子进入身体。转眼间，那人就只剩下皮包骨头了。这种芬兰的妖怪会从人的鼻子进入身体，然后吃光内脏。

在中国台湾，有“恶人的内脏里住着妖怪”的说法。

古时候，有个叫陈怡泽舍的男人在官府做书记员。有一年他的父亲去世了，他把尸体埋在了旗尾山的山麓。从那天夜里开始，旗尾山就开始发出巨大的地鸣声。当地人觉得奇怪，跑过去一看，发现尸体东一块西一块被扔得到处都是。而且像是被什么东西撕过一样，肉和骨头散落一地。自那以后，狗不叫了，报时的公鸡也不打鸣了，疾病开始流行起来。

人们觉得肯定是有人玷污了旗尾山，便开始查找始作俑者。罪魁祸首陈某人当然是装作一无所知，但是道士（会使用仙术的修行者）掐指一算，正是他所为，一切真相大白。

道士把尸体移到其他地方，作法净化了山麓，怪异的现象终于停止了。陈某人却说什么“哪里会是大山的报应”，恶语相加。于是，道士把陈某人带到众人面前，说：“他的脏腑里住着妖怪。”说完便割开他的肚皮，给他清洗了内脏，然后原封不动地放回去，又缝合起来。从那以后，陈某人就变成了一个大好人。

水妖奈吉

“奈吉”是芬兰的一种水怪，住在河流或湖泊里。平常是人的样子，有时以半人半马的形态出现，会把人类或动物，尤其是马拉入水中。还会变成长胡子的狗、角上挂有网兜的巨大雄山羊，以及大梁、树干和圆木等。或是伪装成横倒在水里的树，若是有人走上去，便会连人一起沉入水底。

水妖奈吉从芬兰到卡里纳广为人知，同属于芬兰 - 乌戈尔语族的爱沙尼亚人认为，奈吉不仅会变成人，还会变成白色小马驹。它们会接近在岸边玩耍的孩子，引诱他们骑在自己的背上，带着他们一起跳入水里。这一点和苏格兰的马形水妖“克鲁皮”颇有些相似。

水妖奈吉有时也会变成长着漂亮鬃毛的雄马出现在海滨。这时它的蹄子是朝后的，这是它区别于克鲁皮的关键特征。

人们想出各种方法防御这种水怪。在芬兰、爱沙尼亚和瑞典等地，洗澡时一定要事先在水中放入金属，最好是一片铁。

斯堪的纳维亚人出海的时候，会在船底放上一把刀或钉入钉子。在挪威，还有驱除奈吉的咒语。

“奈吉，奈吉，水里有钉子。圣母玛利亚把钢铁投进了水里。你快快沉没吧，我们要出发喽！”

僧鱼

16 世纪的挪威发生过这样一件事。

某天，猛烈的暴风雨刚刚过去，人们在海上捕捉到了一个奇妙的生物。它是个秃头，长了一张莽夫的脸，披着一件僧衣，没有胳膊，取而代之的是细细长长的翅膀，还有一条尾巴，就像是僧人变成了鱼。人们叫它僧鱼，并将它献给了波兰国王。国王见了觉得可怜，就将它放回海里去了。

在各种各样妖艳魅惑的人鱼传说中，像这样以僧人装束出现的人鱼倒是很罕见。过去在日本有“海和尚”，这是一种长着和尚脸和乌龟身体的海妖，和僧鱼可能是同类。

很久很久以前，有人曾在尼罗河看到过人鱼夫妇。男性人鱼非常稀有，这个男性人鱼至少出现了两个小时，很多人都看到了——这是 18 世纪的传说。

即使是现在，人们一说起太平洋的中央、日本海的中央，也会有一种不祥的恐怖感觉。毕竟古时候的小船只能依靠船帆在大海中行驶，人们心中必定充满了恐惧。也许正是因为有一颗充满畏惧的心，人们才会见到各种妖怪。

巨人

在北欧神话中，巨人是先于众神诞生在世界上的最初的生物。12 世纪冰岛的伟大学者斯诺里·斯图鲁松在著作《埃达》（古代北欧神话和英雄传说的集大成之作）中对此有详细记述。

世界初开之时，既没有大海也没有陆地，更没有花草树木。只有一道名为金恩加的巨大鸿沟。鸿沟的北面是冰霜之国，南面则是炎热之地。

冰霜之国尼福尔海姆的地底泉水是所有河流的源头。其中有一条伊利瓦加尔河，河水有剧毒，它结冰后的冰块自然也有毒。

从南方火之国穆斯贝尔海姆吹来的热风使得冰块融化，融化的水滴啪嗒啪嗒地滴入鸿沟之底，然后又结成冰。就这样，经过了好几万年的周而复始，这冰里竟然有了生命，巨人"尤弥尔"诞生了。从冰霜中诞生的尤弥尔正是巨人族的始祖。因为冰中有毒气，所以巨人族都是极其凶残的。

尤弥尔喝着同样从冰中诞生的巨大母牛欧德姆布拉的奶水长大。喝饱之后睡了一觉，出了一身汗。这时，从他的腋下生出了男巨人和女巨人，从大腿间生出了三个头的巨人，巨人族渐渐人丁兴旺起来。

此后，巨人族和从含有盐的冰中诞生的诸神们展开战斗，最后被人类打败了。

兹乌

“兹乌”是一种给人类带来不幸的魔神。它会从鼻孔中吹出红色或黄色的烟，将人类变成野兽，当作家畜来饲养，最后做成香肠吃掉。

有一次，军队想要破除兹乌会给人带来不幸这种迷信，便用大炮向供奉兹乌的庙宇射击，结果不但没有击中，炮手们还一个接一个地病倒了。

说到兹乌，可能更多人会想到巴比伦尼亚神话中的怪鸟兹乌。它们都是魔神，这一点是相同的。怪鸟兹乌是暴风雨的魔神，关于它有这样一个传说。

有一次，怪鸟兹乌飞上天庭，盗走了贝尔神保管的《命运之书》，并将它藏在了阿拉伯地区的一座山里。天神安努命令雷神拉曼去攻击兹乌，可是拉曼临阵畏缩，结果还是月神出场，拿回了《命运之书》。

我们一开始提到的兹乌是一种像猪的怪物，可能和奄美大岛一带出现的“耳无豚（无耳猪）”和“片耳豚（单耳猪）”等妖怪是同宗。

伊姆拉库

“伊姆拉库”是像高大椰子树般的食人巨人。它有着褐色的皮肤，双目炯炯有神，长着野猪一样的獠牙。口大如井，嘴唇垂到胸口，长长的耳朵一直耷拉到肩上。它的爪子像狮爪一样尖利，可以轻而易举地撕碎人的身体。

辛巴达第三次航海的时候，被暴风雨吹到一座岛上，曾经遇到过这种怪兽。据说它走路时，大地都会摇晃。

这种妖怪和日本的“大太郎法师”很像。

传说在四国的丸龟，有一种叫“洗手鬼”的妖怪。它能跨过三里宽的山，到大海去洗手。它也是鬼，也许和伊姆拉库一样会吃人。不过，除了洗手之外似乎也没有其他传说了。

我经常爬到高高的山上，用巨人的心情俯视下方。巨人这种形象，可能就来源于“从高处俯瞰”的感觉吧。

我想起一件战争年代的往事。那个时候，我每天被迫在拉包尔岛一座叫巴尔切的山上建造碉堡（用水泥构筑的坚固防御阵地）。从山上往下看去，坦克、大炮都显得很渺小。如果我是巨人的话，就可以把它们踩扁了……那时候的我常常这样想。

克鲁皮

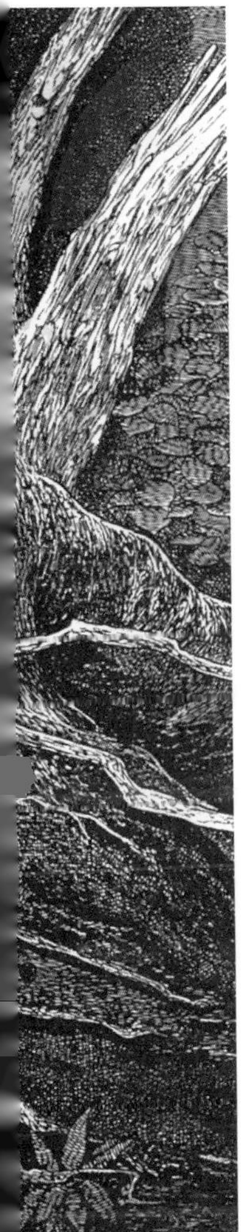

“克鲁皮”是拉丁美洲瓜拉尼族的一种怪物，住在山中或森林里。克鲁皮是阿根廷北部的叫法，巴西南部的叫法是“克鲁皮拉”。

克鲁皮是全身长满毛的小矮人，出现时总是骑着鹿。椭圆形的脸是黄褐色的，眼睛是玻璃做的。长着绿色的牙齿和长长的胡子，身材矮小，阳具却很大。脚朝后长，而且没有关节。善于攀缘树木，很难捕捉。想必克鲁皮是人们以长臂猿为蓝本想象出来的。

不过，克鲁皮和长臂猿在性情上相差甚远。克鲁皮是食肉的，而且喜食人肉，尤其是女人和小孩身上又软又嫩的肉。所以它经常袭击人，是人类的大敌。克鲁皮的手臂很强壮，总是拿着一根木棒。对它来说，杀死一个人应该就像拧断一个小孩儿的胳膊那么容易。

在西方，像这样的矮小生物经常被认为是妖精的使者，独来独往，性格凶残。

不过，克鲁皮的小矮人形象是出现在人类面前时的样子，它真实的样貌并不为人所知。瓜拉尼族中关于克鲁皮的传说有很多，还有一种说法认为“克鲁皮有两个头”。

这大概相当于日本“山神”的变种吧。

鸟人

巴西拉普拉塔河的入海口附近，以前是一片广阔的草原。只有勇不可当的豪杰，或者不了解情况的旅行者才会从这里经过。因为在这座草原上栖息着一种巨大的人鸟合体的怪兽，恐怖至极。

不知那怪物是基因突变的鸟类，还是由人类变化而成，抑或是一种全新的物种。不过，若是有人在无意中踏足这片草原，“鸟人”就会以惊人的速度飞奔而来，捕获闯入者。

中国浙江省也有一种似人似鸟的生物，叫作“冶鸟”。这是一种像鸽子般大小的黑鸟，白天看上去是只鸟，夜里听其鸣叫声也是鸟，但有时会变成人的样子四处玩耍。据看到的人说，冶鸟身高大概三英尺（约91厘米），会下河捕捉泽蟹，让人类烤来给它吃。

战争时期，我在拉包尔岛的时候，读过一本捡来的书。那本书是“改造文库”的文库本，书名叫《拉普拉塔的博物学者》。在战场上捡到书籍这种事儿是很稀罕的，所以我印象非常深刻。书中记载了潘帕斯草原上形形色色的生物和怪物，其中就有鸟人。

那段时间我每天都在战壕里思考关于鸟人的事情。

既然水里有像猴子一样的河童，空中就有可能存在会飞的猴子啊。

非洲的妖精

有一位名叫米布罗的农民，在森林旁找到了一块适合作农田的地，便挥刀砍向灌木丛，开垦起来。

“是谁在砍灌木丛呀？”不知从哪儿传来了说话声。米布罗大吃一惊，但还是向着天空回答：“我叫米布罗，想在这里开垦田地。”

说话的是森林中的妖精们。这天它们正好心情不错，便说道：“喂，大家帮一下那个农夫吧！”转眼间灌木丛就被清理出来了。米布罗兴高采烈地回到家，却没有告诉妻子这件事。

从此以后，米布罗每次干活都能得到妖精们的帮助。照此下去，获得大丰收指日可待。

一天，米布罗的妻子说要去田里看看。于是米布罗和她约定，到了田里，若是听到有人提问，千万不要回答。田里长满了玉米，妻子随手掰下一个。“是谁在掰玉米呀？”不知从哪儿传来了说话声。妻子怒上心头，竟忘了和丈夫的约定，说道：“我摘我丈夫田里的东西，关你什么事？我才要问问你是什么人呢！”那个声音立刻说：“那么，我们就帮一帮米布罗的妻子吧！”话音刚落，所有农作物一下子全被收割完了。

米布罗看到还没有成熟的庄稼全被刨了出来，顿时傻了眼。

高莫拉

人类的眼睛很难捕捉到“高莫拉”的样子。这种怪物居住在非洲的丛林和沼泽里，散发着普通人无法忍受的臭气。

这种恶臭能够吸引蚊子和苍蝇，所以高莫拉的周围聚集了不计其数的虫子。或者说，那家伙是靠着散发恶臭来骗取口粮的。

印度的妖怪也常常带有恶臭，也许恶臭的确是“怪物”的一大要素。

日本的怪物或幽灵现身时，往往会有微微的暖风吹过，如果这风伴随着奇妙的气味，那可就是别有韵味的妖风了。

打仗的时候，从山岗上经过时，经常能闻到死尸的气味。寂静的日子里，总感觉有什么东西要出来。

不知为何，在前线没有周末也没有假期。有一次，时隔一个月我终于得了点空闲时间，便和两个士兵爬到了山岗上，结果发现那里有大量的死尸。奇怪的是那些尸体只剩下骨头和军服，肉体全都消失了踪迹。当然，那不是日本兵的尸体，靴子什么的比我们的要高级。于是我从骨头上扒下死人的靴子，穿在脚上回去了。结果被班长他们一顿臭骂，大概是因为死人的靴子太晦气了吧。当然，靴子上什么臭味都没有，但是在其他士兵看来，穿上死人靴子的我似乎成了妖怪。

这已经是四十年前的事了。

布托

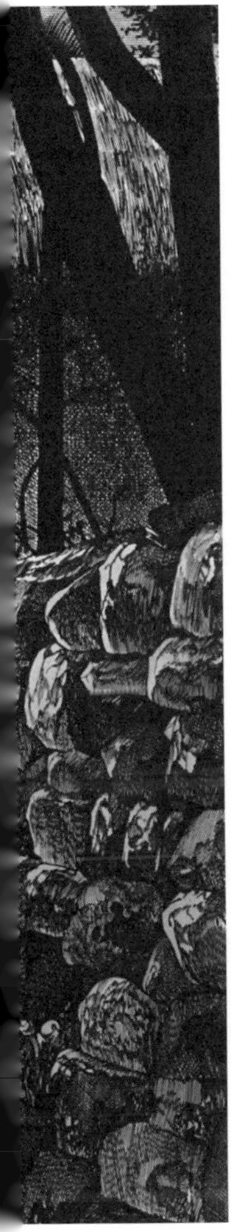

“布托”，是从梵语中的“布塔”（意为适应创造出来的自然之力）而来。在印度，是指因事故、自杀、死刑等突然死亡的人的灵魂。如果不为这些人举行葬礼，他们的灵魂就会变成危害人类的恶灵。布托包括“跋伽乌托（死于虎口之人的灵魂）”“毗伽利亚·毗罗（被火烧死的人的灵魂）”“陀罗·毗罗（从椰子树上掉下来摔死的人的灵魂）”“那迦 · 毗罗（被蛇咬死的人的灵魂）”等。在旁遮普的村子里，妇女和孩子们特别惧怕布托。

布托可以随意进出人身体的各个部位，经常从头部钻进钻出。据说发现布托的方法有三个。首先，布托没有影子。第二，布托受不了焚烧姜黄粉（一种用来对付恶魔的粉末）的气味。第二，真正的布托是用鼻音说话的。

布托总是口渴，喜欢喝水，特别喜欢喝牛奶。所以在旁遮普，绝对不会让刚喝完奶的婴儿一个人待着。外出的时候，人们会在嘴上抹灰或盐来防御布托，因为嘴巴和头发都是布托容易进入的地方。

所以打哈欠的时候一定要把嘴捂上。否则，布托就会钻进喉咙，把魂魄吸走。日本人可能会想，不就是打个哈欠吗。但对这一带的人们来说，打哈欠也很危险。

布托喜欢阴暗和肮脏的地方，所以经常出没于火葬场和墓地。晚上，布托会去纠缠在田野上赶路的人，但是绝对不会在寺院出现。布托和扇椰子树的高度差不多，很瘦。被布托围困的人，最好向神或女神祷告，念诵迦梨、杜尔迦、湿婆的名字尤其奏效。

水牛魔

从前，印度的一个养牛人在恒河河畔放水牛，不知怎么惹恼了深渊之水，养牛人和水牛都被河水吞没了。

被河水吞掉的水牛们变成了残暴的恶魔，被称为“水牛魔”，成了凶残的深渊之主。自那以后，来这里钓鱼的人都会给水牛魔供奉家畜和鸡蛋。如若不然，必定会招来灾祸。

这应该是告诫人们要敬畏自然中的精灵吧。

仔细想来，以前的人就是拥有感知这类事情的敏锐的感受性。而如今，大家都饶有兴致地去迷恋“科学技术”，对精灵之类的感知能力和远古时代相比几近于无。人们甚至将这种感受性认定为“愚昧”，但这种感觉肯定不是毫无根据的。只要静静地观察，我想是可以看到的。

我之前可能已经在某处写过，南方原住民的感知能力高得惊人。比如说黄昏时分有奇妙的鸟叫声。那声音很低沉，非常像妖怪，如果我问“那是什么”，原住民就会回答：“是雄性妖怪某某。”

如果我指着黑暗的洞穴，说：“这里面有妖怪吧？”他们就会说：“有很多灵怪（而且是恶灵），不能进哦。”

在那段短暂的日子里，我和原住民成为了挚友。而他们对我的评价是：“这样了解我们的日本人，你是头一个呢。”

贝塔拉

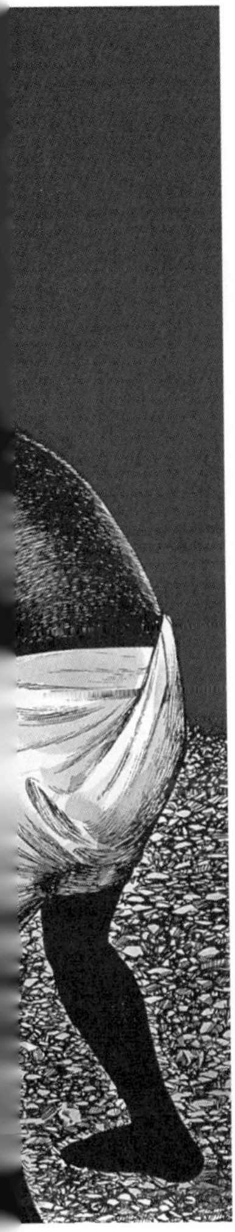

“贝塔拉”又叫“维塔鲁”或“巴塔鲁”，在印度被认为是亡灵之王。贝塔拉会坐在佛殿的红色石头上，等有人来烧死尸时突然出现，让尸体打喷嚏或打哈欠，有时候还让尸体笑一下。

在有些地方，人们不把贝塔拉当作亡灵，而是当作神。人们相信它会进入祈祷师体内，帮助祈祷师赶走其他人体内的亡灵。

印度的亡灵或灵怪有很多种，每一种都有名字。一般来说，愿望没有实现就死去的人，死于事故的人，没有举办过葬礼的人，死后就会变成亡灵。根据死的方式不同，会成为不同的亡灵。

例如，在怀孕或生产时死去的妇人的亡灵，被称作“丘雷尔”。平常以年轻美丽的女性形象示人，到了夜里，就会诱惑英俊的年轻人到自己的城堡，亲自做饭招待他。如果青年吃了她做的东西,就会完全丧失意识。之后任由她们摆布，直到失去青春与美貌，才会被释放。

她们对尘世恋恋不舍，所以满腹怨恨。葬礼没办好的人或欲望极深的人，则会变成“沙曼达”。这种亡灵不允许人类拥有健康和财富，常令人陷入烦恼和痛苦，四处给人惹麻烦。

为了对付这类亡灵，人类想出了各种方法。当然，面对不同的亡灵，应对策略也千差万别。

石女

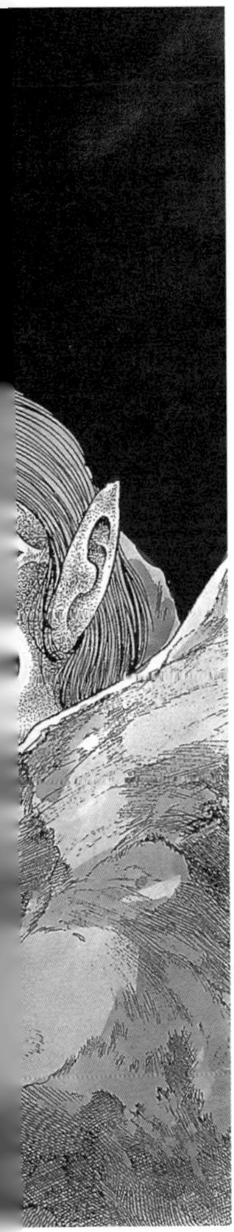

这是一个发生在亚洲的故事。在某地有一对夫妇，家里有三个女儿。有一天，父亲发起疯来，把大女儿扔到了河里。过了不久，父母都死了，只剩下两个女儿相依为命。

平时都是二姐去山里拾柴，妹妹在家里等着。一天，二姐回来后发现妹妹不见了，便坐在地上抽泣。可是过了一会儿，妹妹又自己回来了。

第二天起床后，为了不让妹妹乱跑，二姐把她绑在了柱子上。可是等二姐拾柴归来，发现屋里只剩下了绳子，妹妹又不见了踪影。二姐来到河边寻找妹妹。周围一个人都没有，她隐隐听到了妹妹的啜泣声。她忍不住大喊起来："我可爱的妹妹哟，快点回来吧！"

这时一个声音突然响起："小姑娘，我是绝对不会把妹妹还给你的。"

二姐四处张望，寻找那声音的主人，看到正前方有一块巨大的岩石。从岩石的裂缝往里一看，只见一个有着石头鼻子和石头耳朵的女人，正从裂缝里目光炯炯地看着她。石女对二姐说："你的姐姐从前被父亲扔进河里时中了魔法，成了魔法师。是你姐姐施魔法把你妹妹送给我的，我无论如何都不会把妹妹还给你。快点回去吧。"

于是，二姐哭着离开了。走着走着，看见了一户人家，里面传来阵阵鼓声。一个头发蓬乱的女人走出来，将她请了进去。那女人说自己就是当年被扔进河里的大姐，然后又把自己的小叔子介绍给了她。后来二姐和大姐的小叔子结了婚，从此以后过上了幸福的生活。

百头

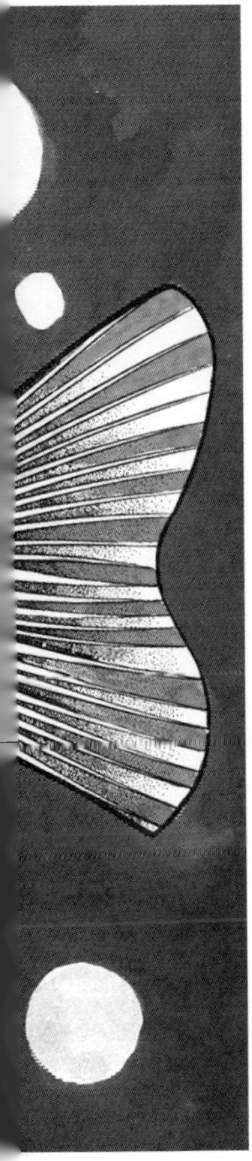

这种妖怪是由猴头、马头、狗头、虎头、狐狸头、猪头、羊头等一百种不同动物的头组成的巨大的鱼。

这奇异的怪兽是如何诞生的呢？传说这故事出自中国的某部释迦传。

有一次，释迦牟尼来到河边，遇上一群渔夫正在收网。渔夫们好不容易才将网拉到沙滩上，网里捕到的正是上述那种似鱼非鱼的奇怪生物。释迦牟尼向这怪物问道：“你是迦毗梨吗？”

百头鱼奄奄一息地回答：“正是。”

于是，释迦牟尼给弟子们讲了这样一个故事。

过去，有个对佛典颇有造诣的婆罗门（印度的僧侣），名叫迦毗梨。每当有同辈的学徒读错佛典时，迦毗梨就侮辱其为“猴头”“马头”等。由于身为婆罗门却口出恶语，所以迦毗梨死后没能投胎为人，反而成了水中的怪物。而且辱骂同辈时提到的那些动物的头全都长到了自己身上。

用佛教的语言来说，这个百头应该是来自于侮辱性语言的“业力”。一言以蔽之，就是祸从口出。

真是个有意思的怪物。

妖精之王

在美拉尼西亚的山里，一个男人发现了美味的青草瓦奥伊。不过，他发现的那株瓦奥伊还没有长大，他想着过些天再来采摘，于是用草做了个记号就回家了。

后来，妖精之王也来到了这个地方，同样发现了瓦奥伊，就解开那根草，在上面系了条蚯蚓代替。

过了些日子，男人觉得应该差不多了，就又来到山里。瓦奥伊已经长大了，他就挖了起来。这时妖精之王来了，声称瓦奥伊是自己的。男人说很早以前他就用草做了记号，想必那草已经枯萎了，死活不肯让出，不由分说地继续挖了起来。妖精之王终于受不了了，大喊着把自己的子民都召唤了出来。妖精们从草丛、洞穴和山谷里跳出来，转眼间就把男人抓了起来。男人觉得寡不敌众，便央求道：“如果想绑我的话，请用草把我绑在艾玛乌拉树上吧。”

妖精们照做了。艾玛乌拉树很容易折断，草又很柔软，所以无论试多少次都没法将男人绑住。妖精们忙着绑他，竟没顾上去挖瓦奥伊。就在这时，天亮了。妖精们回过神儿来，把男人扔到一边，争先恐后地逃走了。

男人终于得到了瓦奥伊，可又觉得那些妖精实在可恶。思索了片刻，他叫来了伙伴，用烟去熏妖精住的洞穴。只听到洞穴里传来上蹿下跳的声音，很快就没动静了。男人往里一看，妖精们死了一大片。

大获全胜的男子，当晚举办了瓦奥伊宴。

山精灵萨那奈

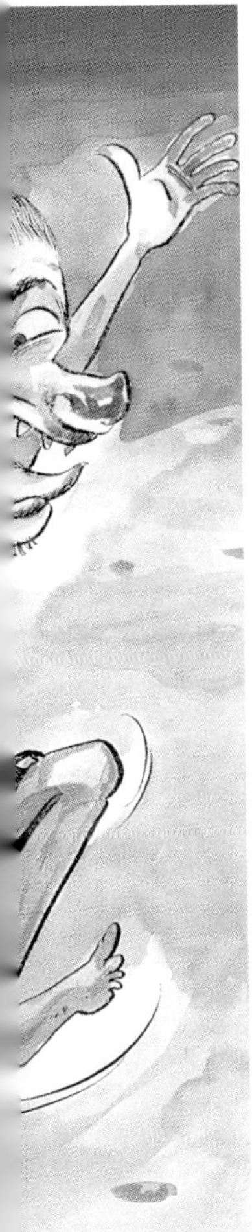

据说山的精灵经常变成人类的样子。在印度尼西亚，很久以前，山精灵和森林精灵曾经变成人的样子来到村子里，跑到人们家中。印度尼西亚将山精灵称作“萨那奈”。

有一次，萨那奈走进一户人家，在楼梯上坐了下来，悠闲地晃动着双腿。这家人正在吃负鼠，就把骨头扔到了萨那奈的脚边。结果引得一群狗跑来叼骨头，几乎咬到了萨那奈的脚。

萨那奈吓了一跳。它站起来自言自语道：“脚居然被狗给咬了，这叫什么事儿呀！我再也不以人类的样子来这里了。从此以后我不会让人类看到我的样子，只让他们听到我的声音。”

回到家后，萨那奈对自己的孩子说：“你们去人间的时候也一定不要让他们看到你们的样子，只发出声音，听到了吗？”

此后，人类就再也看不到萨那奈的样子，只能听见它的声音了。在印度尼西亚，萨那奈是山精灵的始祖。日本也有山精灵“呼子”。呼子的样子也很像人类。

变成兰花的女人

古代越南有个叫华兰的美女。美丽的华兰非常高傲，她同时接受了好几个人的求爱，却又一直装腔作势，吊着他们的胃口。其实她谁都没放在眼里。

可是有一天，她却对一位叫穆凯的青年一见钟情，便立刻前去诱惑他。但是，穆凯连看都不看她一眼。华兰非常懊恼。为了得到穆凯的爱，她就出门去向山神“辛边”借魔法。辛边对华兰的任性感到很生气，就把她骂了回去。在回家的路上，华兰又遇到了一个巫婆，巫婆看出她的心事，便说：“我可以让穆凯只关注你，但是你得把你的灵魂交给我。”

华兰一心只想着让穆凯倾心于自己，立刻就答应了。

过了些日子，华兰又来到森林，穆凯也在那里。欣喜万分的华兰连忙走上前去，穆凯却瞬间变成了黑檀木。华兰顿时惊呆了。这时巫婆出现了，哈哈大笑着对华兰说：“这样你的恋人不就对你言听计从了吗？”

华兰哭喊着请巫婆让穆凯变回原来的样子，巫婆却消失了，只留下了一串可怕的尖笑声。就在这时，山神辛边现身了，对华兰说：“这都是你的愚蠢造成的。那些浅薄又爱慕虚荣的女人必须以你为戒。”说完就把她变成了兰花。

变成兰花的华兰，就这样和黑檀木厮守在了一起。

山精灵和海精灵

这是发生在越南的故事。文郎国王有一位非常美丽的公主，为了得到这位公主的爱，山精灵宋天和海精灵西勤争斗不休。

一天，山精灵和海精灵在王宫入口相遇了，两人立刻怒目圆睁，眼露凶光，他们都是为与美丽的公主结婚而来。

两人一起来到文郎国王面前，国王不知该怎么答复他们，只好叫来公主，让她从中选择一人。公主走进会客厅，山精灵马上笑嘻嘻地摆出一副和蔼可亲的样子，海精灵则像平常一样板着脸。公主十分害怕海精灵，于是选择了山精灵。

失望的海精灵决定破坏两人的爱情。在他们结婚当日，海精灵下起了大雨，让滔天洪水肆虐各地。山精灵抱起新娘，跑到了自己父亲家里。可是洪水淹死了很多人，山精灵站在山顶，看到山下变成了一片汪洋。

山精灵的父亲将儿子的新娘接进家里，然后把自己的怪力借给了儿子。山精灵有了怪力相助，就刮起大风逼退了洪水，并在云中制造出电闪雷鸣。大地震动崩裂，一分为二，从裂缝中飞出了一把石斧。山精灵拿起石斧，率领军队去攻打海精灵。海精灵招架不住，于是跑到海浪里避难。

过了些日子，两人又争斗起来。海精灵每天都在想念那位美丽的公主，想要打败山精灵，得到公主的爱，于是发起大洪水。为了与之抗衡，山精灵只好刮起暴风。两人的争斗永无止境。

越南的稻子精灵

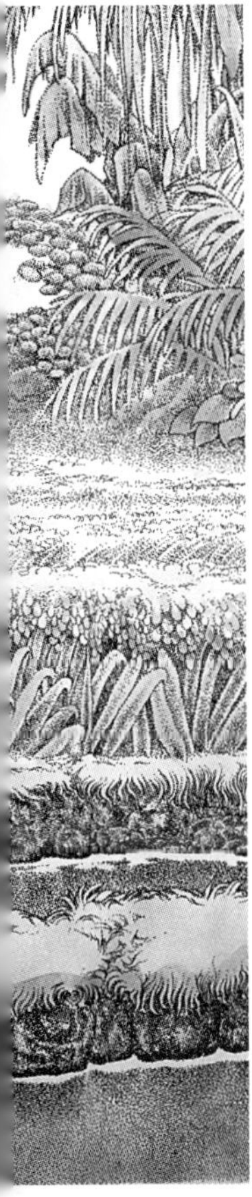

“稻子精灵”是穿着蓝色衣服的绅士，皮肤像牛奶一样白皙。头上戴着挂有小铃铛的帽子，风一吹，铃铛就会叮铃铃、叮铃铃地响起来。每天从早到晚，稻子精灵都会把脚放在水里解暑。

有一天，稻子精灵对前来拜访的人说了这样的话：

“告诉调皮的孩子，要像我一样沉稳。女儿要稳重耿直，儿子要直爽，母亲要温柔善良，父亲要和蔼可亲。我是精灵，任人类摆布，奉献出自己的生命，让你们种在喜欢的地方。最后，人类把我收割，磨成粉，然后做成食物吃掉，但是我却没有喊过一句命苦。每天我都忍受着痛苦，毫无怨言，延续人类的生命，让人类长大，变得更有力气。我只不过是穿着蓝色衣服的小小绅士，但是如果没有了我，越南的人们将会无法生存。

“露出素颜的农家姑娘，把我投进水牛耕犁过的田垄里，还唱起快乐的歌。我长大了，花儿向我点头致意，为了表达喜悦之情，我就晃动起帽子上的铃铛。农家的主人一边唱歌一边收割着我的身体，然而我却从不哭泣。到了凉爽的傍晚，稻草屋顶的小磨坊里，水车在吱呀呀地响。于是我变成了粳米，在把我变成米粉的杵下，我唱着歌。最后，女主人将我放入锅里煮熟，我以生命献给越南人，所以感受不到痛苦。”

这是何等美丽善良的精灵啊。

红河之龙

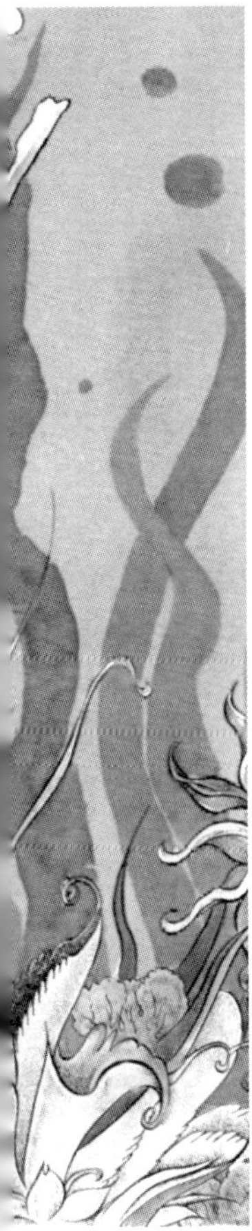

越南红河河底曾有龙居住。据说龙会带给死者力量和幸福，而红河的龙还能授人以王权和永生。

如果有人想得到这种特权，就得把祖先的骨头收集起来捆成一捆，潜到红河的红色河底，然后把骨头放进龙的嘴里。问题在于，即使只看龙一眼，也会变成瞎子，所以这并非易事。就算再怎么想得到王权，付出这样的代价也实在太悲惨了。

不过，有位聪明的年轻人，用一只手遮住一只眼睛，跳进了红河。他心想，即使一只眼睛失明了，也能成为国王。

这位年轻人虽然失去了一只眼睛，却成功地获得了王权。这位年轻人的名字叫作辛边。

这是一则古老的越南民间故事。

在中国和日本，同样有很多关于龙的传说，故事里的龙几乎全都拥有超能力，并且和水有关系。

欧洲人也想象出了龙，后来又传播到世界各地。在欧洲，龙被称作 dragon，不像中国的龙那么大，外貌形态却多种多样。

如果真的存在幻想动物的话，那么在古代传说中无处不在的龙应该算是幻想动物的代表了。

龙马

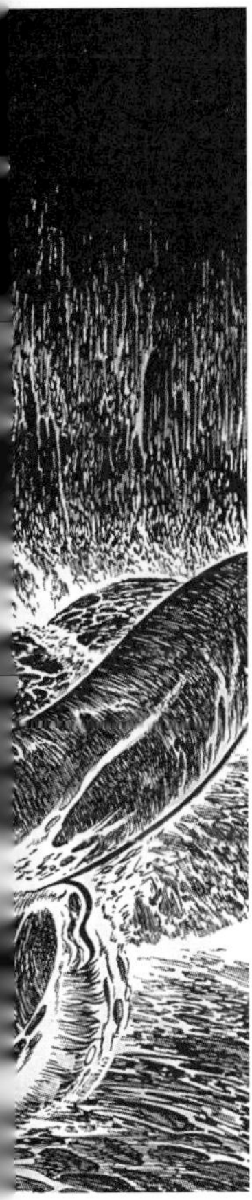

说起白将军，在朝鲜无人不知无人不晓。他是位力大无穷的彪形大汉，还流传着下面的英雄传说。

住在河流深渊之中的龙马，一发怒就会让河水泛滥，引发洪水，令村民们非常困扰。白将军听说后，立刻来到了河畔，但龙马却没有现身。将军计上心头，把村民们召集起来举办了酒会。龙马按捺不住好奇心，从河里露出头来查看情况。白将军不失时机地朝龙马走去，大喊道："我们来比赛摔跤吧！"

但龙马听后，再次潜入了河里。

第二天，白将军请村民制作了和自己一模一样的人偶放在河边。不一会儿，龙马出现了，向人偶走去。人偶一动不动，于是龙马知道这个东西对自己无害。

三天后，白将军代替人偶亲自站在河边等待龙马。龙马像之前那样靠上前来，白将军以迅雷不及掩耳之势擒住了它。"我们来较量较量吧！"他大喊道。惊慌失措的龙马立刻腾云升上天空，白将军死死抓着龙马，就和它一起升上了天。

从那以后，洪水不再泛滥，据说至今白将军都还在天上和龙马比赛摔跤呢。

还有人说，每当连日暴晒，农田干旱，白将军都会骑着龙马出现，降下甘霖。

长耳怪

“长耳怪”主要袭击小孩子，是类似附身恶魔的妖怪。

马来半岛的密林里有一种树叫“珀考库·阿拉”，长耳怪就住在这种树的树根里。小孩若是在这妖怪的头上走过，就会变得任性顽固，不听父母的话。

这样一来，父母就会拽着孩子的耳朵让他听话，孩子的耳朵就会变得越来越长。

长耳怪长着像兔子一样长长的耳朵，中招的孩子的脸也会慢慢变得像妖怪。可以说这是名副其实的附身恶魔。

据说戴上杜里·兰达克做的项链，就不会被这种妖怪附身。

那种会攻击人类的看得见的妖怪还好对付，在马来西亚，要想让自己免受看不见的附体妖怪侵扰，就需要随身携带这种护身符。

土精灵

在马来西亚，土地有“土精灵”，还会附在小孩子身上。

被附体的孩子会昏倒，严重的甚至陷入昏迷而死亡。

对孩子和孩子的父母来说，这都是一种极其危险的附体妖怪，不知何时灾难就会降临。

日本（还有中国）也有土地神，如果擅自动土（比如在院子里挖个池子、增建房屋之类），土地神就会让那家的主人生病或遭遇不幸。

虽说这病生得有些莫名其妙，但原因是显而易见的——这家人得罪了土地公，被“缠上了”。

但是，马来西亚“土精灵”的出没简直可以说是毫无规律，那些被附体的人只是偶然被妖怪选中了，真是倒霉。

比迪

“比迪”的胳膊和腿都很长，肚子像气球一样圆鼓鼓的。它住在马来西亚河床的洞穴中。

不太清楚它们以什么为食，只知道它们会在河里小便。比迪的小便中含有毒素。在河里游泳的人，有时候从脚到肚子会一阵阵抽搐疼痛，据说这就是比迪的小便造成的。

也就是说，这种妖怪污染了河水。

仅仅是接触混有小便的河水就会肚子疼，若是误饮了这种河水，搞不好就会送命。

即使不至于毙命，肚子也会像那妖怪一样鼓起来，所以马来西亚的人们都非常惧怕它。

锁精灵

这是一种附体妖怪，妖怪的两个身体后背相连，手臂相挽，样子非常奇特。

锁精灵住在马来西亚丛林里能听到大树树枝摩擦声的地方。附在人类身上的时候，两个身体会从背后紧紧将人缠住。

被附体的人会感到双臂和肩膀很疼，胸口发闷，呼吸困难。

两妖一体，所以被附身的人受到的痛苦也会加倍。一个不小心，就会一命呜呼。

被日本的“饥饿神”附身时，会突然感到肚子饿，头晕目眩寸步难行。此时，可以吃点稀饭或菜粥，这也算是人类想出来的对策了。

饥饿神其实是流连于尘世的死灵附在人身上，所以人们也算是明白它的出处。

但锁精灵就有点让人不明所以了，所以也没法想什么对策，一旦被附体就必死无疑，很难对付。

竹鼠精

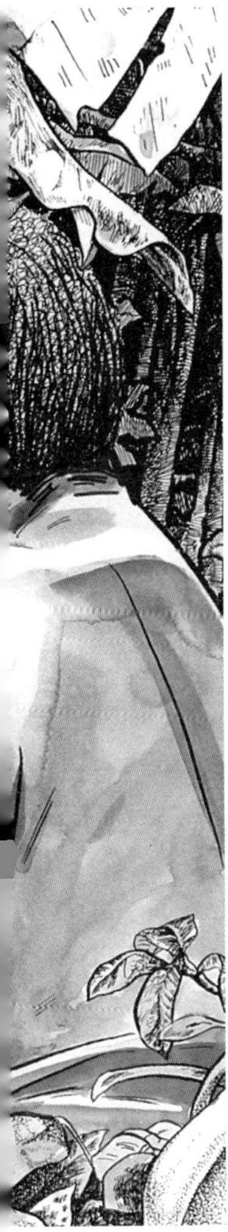

竹鼠是一种啮齿类（包括松鼠、老鼠、豪猪等）动物，主要栖息在中国南方的竹林里，以竹子的嫩芽为食。

竹鼠长着又大又坚硬的门牙，眼睛很小，叫声很大，能传到百米之外。可一遇到大熊猫，就傻眼了，只能乖乖地被吃掉。

马来西亚的这种“竹鼠精”生活在竹林中，吃竹子的嫩芽，和竹鼠一样。但由于没有天敌大熊猫，所以便肆无忌惮地破坏竹林。

竹鼠精肆意啃食竹子的嫩芽，它们所到之处，竹子会渐渐枯死。

当人类猎人靠近的时候，怪异的竹鼠精就会突然冒出来吓唬人。

有一次，我偶然见到了马来人在竹子中饲养的竹鼠，有兔子幼崽那么大，非常可爱，而且看上去很机灵。

佩伏南

“佩伏南”在马来西亚广为人知。这种妖怪就像随处可见的杂草，出没于大地的每一个角落。

人如果遇到了它，就会被强烈的食欲所支配——只要是能消化的东西都想吞下肚。若是恰巧周围有野生动物，在食欲的驱使下人就会疯狂地去追捕猎物。

由于食欲极度膨胀，遇上佩伏南的人有时甚至会狼吞虎咽地吃掉死人，就像日本的“魍魉”一样。

这也许跟佩伏南自身是杂食性（也会吃人）妖怪有关。受害者可能是被它的魂魄附身了，是妖怪的魔力在作祟。

只有祈祷师佩戴的辟邪物才能封印这魔力。要将辟邪之物佩戴在脖子、胳膊、手腕等处。

尖刀妖精

“尖刀妖精”的下巴又尖又长，看上去就像尖锐的刀子。事实上它的下巴的确可以当作凶器袭击人。

这种恐怖的妖怪居住在马来西亚丛林的湿地之中。

它坐在湿地里，不停地用自己的双手打磨那刀子般的下巴。一旦听到人的脚步声，就会立刻跳出来把人抓住。

被抓起来的猎物是绝对逃不掉的，尖刀妖精会用自己引以为豪的刀子慢慢将其做成美味（好像是切碎来吃的）。

人类被这妖怪捉住后，呼吸会越来越困难，基本上在被杀掉之前就死了。

不管怎么说，遇上了它就是死路一条，所以最好不要踏足丛林湿地。

饱餐之后，妖怪又开始磨刀了。

推落妖怪

马来西亚的丛林中，爬上果树的人有时会突然大叫着从树上掉下来。

若询问原因，那人会说并不是因为脚底滑，而是被什么人推了下来。

树上肯定没有先上去的人，小动物也没有将人推下树的力气，所以这应该是妖怪所为。在马来西亚，这种妖怪被称作“让人坠落的妖精”或“推落妖怪”。

据被推下树的人说，这种妖怪好像是坐在树梢上。

从地面向上看是不能确认妖怪的样子的，只有爬上树才能看清楚。

然而，待到发现时为时已晚，早就等在那里的妖怪用双手猛地一推，可怜的受害者就伴随着一声惨叫头朝下栽了下去。

偶尔也有人得救，但如果伤到了要害就会一命呜呼。这是一种生活在密林中的邪恶妖怪。

树根妖精

马来西亚有一类叫“树根妖精”的妖怪。据说这类妖怪有三种，每一种性格都不一样。

第一种住在丛林里，看到人类就会用树根缠住，把人藏起来。它也会袭击动物。不过，这种妖怪只是把受害者藏起来，并不伤害他们。

第二种住在大树的根部，据说一旦被它抓住，就会腰疼。

最后一种凶险异常。若是有人从树根旁走过，它会猛地扑上去，在那人额头上开一个洞，吸走他的脑浆。

中国也有“吃人脑”的妖怪，这种妖怪着实骇人。

鱼精

马来西亚中部的深海或河川中生活着“鱼精”。

虽说是鱼精，样子却不像鱼。虽然长着人的面孔，但也不像是人鱼。勉强可以认为和鬼相近。

鱼精对人类怀有敌意，所以看到渔船就会将其打翻。看到渔夫溺水而死，它们便喜不自禁。

若是看到有人在游泳，鱼精就会去咬那人的脖子。

被咬到的人嗓子会变哑，或是在咽吐沫时感到疼痛。

在日本也有类似的传说，河流之主（或池塘、沼泽之主）不允许别人进入自己的领域，即使只是不小心闯进来了，若被发现，也会遭受惩罚。

这和马来西亚以及欧洲等地是一样的。

艾基库

“艾基库”是马来半岛的原住民——塞诺伊族之间流传的妖怪。它与明治时代日本东北地区经常出现的“座敷童子”很像,只有不满十岁的小孩子才能看到它们。“塞诺伊”是“人们”的意思。

这种妖怪会在夜里悄悄溜进人类家中，站在门口。

大人虽然看不到，但是他们之中有些人小时候曾经看到过，所以这些人非常理解孩子们的恐惧。

艾基库的脸占据了身体的一半，样子非常怪异，小孩子看了就会哭起来。

哭完之后嘴巴就张不开了,这就是遇到这种妖怪的后果，也是其可怕之处。所以，在孩子开始哭之前把它赶走，就成了大人们的重要工作。

话虽如此，但由于看不见它，将它赶出去又谈何容易，毕竟只有等到孩子哭了才知道妖怪来了。

康巴斯蛇

“康巴斯蛇”出没于马来西亚的丘陵地带，被认为是山丘的精灵。

这种妖怪平常都是蠕动前行，但打雷的时候会飞起来。因为它对声音和光照的反应极其强烈。

它长着人脸，下半身却是蛇。如果有人从附近经过，就会被它从脚到肚子一圈一圈地缠起来。

缠绕的力量非常强，一般人都会昏迷过去，弄不好还会骨折。

即便是运气好得救了，被它缠绕过的人的皮肤也会变得像鱼鳞一样。

在马来西亚，如果看到皮肤呈鱼鳞状的人，人们就会说那人遭遇了康巴斯蛇。

发现康巴斯蛇之后要立即逃跑。除此之外别无他法。

鸟精

在马来西亚的密林中，风吹过树枝的时候，有时会传出“哎——哎——”的声音。

这时树枝上肯定有“鸟精”。

如果听到了这种声音，一定不要靠近发出声音的地方。

鸟精一旦发现人类，就会向他抛下羽毛。如果羽毛碰到那人，羽毛的毒性就会让他一生骨瘦如柴。

在密林中，想分辨出到底是哪棵树发出的声音，还是相当困难的。

这种时候能够依靠的是一种叫作“妖怪感知度”的直觉。

在马来西亚，妖怪几乎和密林中树木的种类一样多，人们的直觉也非常发达。很多时候都是靠这种直觉死里逃生的。

吃手鬼

“吃手鬼”总是把两只手塞在嘴里，坐在丛林中大树的树根上。在马来西亚，这种妖怪主要出现在“果实成熟的季节”。

它会袭击吃水果的人，但并不是突然攻击人的身体，而是让正在美美地吃着水果的人，不知不觉地吃起自己的手指。

所以，如果在丛林中看到有人身边放着水果，却在咬自己的手指，就可以认为这个人遭遇了吃手鬼。

一旦变成了这副样子，就是中了吃手鬼的魔力（被袭击了）。即使当事人回过神儿来，手指也会变肿，一年后手指就没了。

所以马来西亚人用“被袭击”来描述这种妖怪的行为，不说“被附体”。

吃脚鬼

在马来西亚的密林中,还住着一种叫“吃脚鬼”的妖怪。

你以为是吃人类的脚吗？并非如此。这种妖怪会坐在地上，把自己的两只脚含在嘴里。

据说这种妖怪住在丛林的洞穴中，若是不小心踩到了那个洞，或者踩到了它吐的唾液，脚上就会传来一阵剧痛。不过并没有发生过脚被吃掉的事件。

吃脚鬼常常做出仿佛要吃掉自己双脚的动作，不过它饥饿的时候，真的会吸食自己脚上的血。

还有人说，只要一下雨就会出现吃脚鬼。如果踩到它的脚印，自己的脚趾就会发痒。

据说吃脚鬼中有男也有女，女性吃脚鬼的头上有很多突起，男性吃脚鬼的头上则像和尚一样光秃秃的。

河豚妖怪

“河豚妖怪”住在马来西亚的河川里，会咬前来游泳的人的身体或脚。

这种妖怪会攻击人们浸入水中的身体，而且基本不会露出水面。

或许因为它是鱼精，所以一旦离开水面就会失去威力。

河豚妖怪在水中就能充分发挥魔力，身体被咬到的人，伤口会肿胀，然后发烧，最后卧床不起。

据说至少两三个月动弹不得。

要想除掉这类水中妖怪，可以把毒药倒入河里，一种叫做“亚香留·图巴”的乳液就可以杀死河豚妖怪。

不过，马来西亚的河里住着各种各样的妖怪，如果每次都要倒入不同的毒药，恐怕在把这些妖怪杀个一干二净之前，河水就被彻底污染了。

阿旺

“阿旺”由好几个身体从上到下叠在一起合为一体，就像图腾柱一样。这种妖怪是马来西亚原住民——塞诺伊族的精灵，居住在云上，做着聚集云彩的工作，是“云精灵”。

塞诺伊族认为自然的变化都是由精灵控制的，这些精灵能够左右天气。

比如,“阿旺”是云精灵,风是由“大风的精灵”吹起来的，雨则是由“雨精灵”带来的。

在日本，自古以来，每逢干旱的时候，巫女就会向神明祈雨。人们还相信有风神、雷神等神灵掌管着天气。

塞诺伊族的精灵们虽然都被称作“精灵”，但其实更像是一种近似于神的存在。

马来西亚的人相信，如果在雨中行走，被“雨神”降下的雨淋湿，就会发烧。

汉普巴克

在马来西亚，长时间空置的老房子里会出现“汉普巴克”。

这种妖怪长着邪恶的面孔，表情、外形都和西方传说中的恶魔毫无二致。

长长的竖起的耳朵就像两只角，嘴巴裂开，从脖颈到后背长着尖利的刺。

汉普巴克动作敏捷，身轻如燕，如果有人踏足它的势力范围就会立刻被捉住，还会被拧断脊梁骨。

还有一种和它同名的妖怪，住在丛林的大树上。

如果有人从这种树的树根上面走过的话，它就会袭击那人背部，让那人落下肾脏疼痛的慢性病。

虽然是两种不同的妖怪，但因为遇袭后的症状相似，所以就取了相同的名字。

新几内亚森林之灵

我曾一度在想，或许根本就没有妖怪这种东西吧。

这样一想，之前那种难以名状的奇妙的紧张感一下子消失了，整个人都放松了下来。因为，我一次都没看清楚过妖怪的样子。

到了新几内亚，我在祭祀之夜看见了三十几个森林精灵的身影。那时我又想：虽然看不清它们的样子，但它们确实是存在的。原住民感觉到了它们的存在，才会如此描述它们。

妖怪原本就是一种超自然的灵，没有形状，只能凭感觉来理解。这样一想，我又突然来了精神，对突然出现在我面前的长得像“塗壁”的“皮包精灵”着了迷，不知不觉看到了天亮。

“虽不可名状，却真实存在”，我再一次坚定了这一观点。

瓦伊瓦伊

“瓦伊瓦伊”是新几内亚的一位女性马萨莱（精灵、妖怪），同时还是所有马萨莱中的最强者——“哈克兰巴”的妻子。

丈夫是最厉害的，妻子也是所有女性马萨莱的王者，和丈夫一样拥有强大的力量。

这对夫妇作为王和女王统治着汤古江普村的所有马萨莱。

女王瓦伊瓦伊拥有和丈夫同样强大的力量，给村里人带来的影响自然也不容小觑。人们相信，疾病和不幸大多是瓦伊瓦伊发怒造成的。

所以，汤古江普村的人们就像对待其他马萨莱一样，不，应该说是更加敬畏女王和王，因为人们相信他们拥有治愈疾病的力量。虽然他们发起火来很可怕，但若是求助于他们，也会得到回应。

亚玛塔乌姆

这是新几内亚塞皮克河中游一个叫瓦赫的地方的原住民告诉我的妖怪，据说人类能够看到这种妖怪。

人们认为这种被称作“亚玛塔乌姆”的精灵（妖怪），诞生于大山的土地之中，顺着地下水脉来到湖泊和沼泽并居住下来。

“请带我到有亚玛塔乌姆的地方去吧！”无论我如何拜托酋长，他都迟迟不肯答应。

我很纳闷儿，但后来得知他们很惧怕这种妖怪，我反倒吃了一惊。

到了傍晚，大家很不情愿地带我出发了。夜晚来临的时候总感觉真有什么东西存在。

“亚玛塔乌姆通常在傍晚出现。”他们说。独木舟行进到一片平静的湖面上之后，突然停下了。

我说：“再往里走一点吧。”

他们回答：“不能再走了。”

我发现船夫的腿在颤抖。

我什么都没看见。但随着四周越来越暗，一种从未听过的“森林的声音”向我们逼近。这时我突然觉得胸口发闷，大家便赶紧撤退了。那个声音或许就是亚玛塔乌姆吧。

古哈

居住在新几内亚赛皮克河上游的瓦赫族有一种妖怪叫“古哈”，是妖怪的首领。

古哈居住的地方是固定的，人类不能接近那里。

我曾经强行闯入古哈的地盘。就在我想继续深入的时候，酋长却浑身颤抖起来，最后我们只能折返了。当天晚上，就像长老们说的那样，我梦到了古哈。那就像是一个圆滚滚的巨大的鳄鱼。这个梦非常清晰，我立刻把梦到的东西画出来给长老看。“对，这就是古哈。”他说。他们所说的妖怪、精灵，都是眼睛看不到的东西，只能通过梦和声音来表现。

我至今仍对那惊心动魄的梦记忆犹新，觉得那样的精灵的确是存在的。古哈确实是瓦赫族妖怪的首领。

精灵阿古丽

音乐是令人愉悦的，是深受现代人喜爱的一种娱乐方式。但音乐最初的目的，似乎是用来呼唤神灵。在新几内亚也是如此，祭祀庆典的最后，压轴的节目就是用音乐召唤神灵。

所有人会一边吹着笛子，一边跳起舞蹈。据说，如果神灵来访，就会发出人类所奏音乐之外的声音。这种声音叫皮塔加斯，皮塔加斯一旦出现，人们的心情会极度兴奋，吹奏出的乐声也愈发高昂。

皮塔加斯响起的那一刻，就是精灵阿古丽出现的瞬间。人们和阿古丽一起舞蹈，天亮后一切东西都被倒入河里，阿古丽也会回到森林之中。

召唤阿古丽的歌叫作《精灵阿古丽之歌》。阿古丽就是精灵界的女王。

罕图丁宜

"罕图丁宜"居住在婆罗洲森林深处。

在森林中突然听到庞大树木倒下的声音，循着声音过去一看，感觉到有一个巨大的物体横在眼前，但却看不到。如果你遇上了这样的事情，就是罕图丁宜在作怪。

这简直就像日本的"天狗倒"，但据说罕图丁宜偶尔可以被看到。它只有上半身，还长着两颗虎牙。人见到它就会生病，而且这种病只有巫师才能治愈。

折三根树枝，枝头朝下插入地面，罕图丁宜就会死掉，周围也会飘起死尸的味道。

还有人说，当人坐着小船渡河时，罕图丁宜会突然从河面上冒出来。这时它的身高大概有十英尺（约三米），就像日本的"高入道"。

据说妖怪感应能力强的渔夫经常会遇到罕图丁宜，一开始只能看到个影子，然后就能看到这个怪物在水上行走的样子了。

据说它出现的时候还能闻到尸臭。

另有一种说法认为，罕图丁宜可能是在河里溺死的孩童的灵魂。

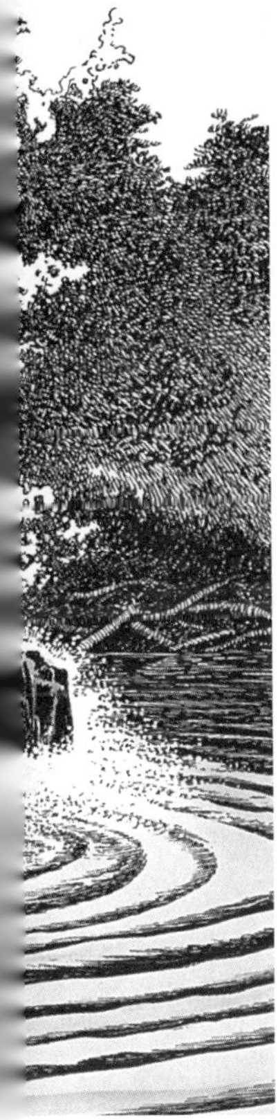

伊那比·萨布伊莫古

“伊那比·萨布伊莫古”是雄蛇的马萨莱（精灵），住在汤古江普村周围的湿地。

这种马萨莱带有“狂暴神”的性格，发怒时会降下大雨，刮起强风，让雷鸣响彻天空。

虽然同一个村子的“陶器马萨莱”也会用咒语刮起风暴，但是和伊那比·萨布伊莫古相比差远了。

作为蛇精灵，伊那比·萨布伊莫古不仅能呼风唤雨，还能施展法力破坏村里的各种东西。

为了安抚它，必须杀掉一只鸡，燃烧鸡毛，烧出焦味。伊那比·萨布伊莫古闻到这种味道就会让雨停、风止、雷息。不知道这位马萨莱究竟是忌惮这种味道，还是喜欢这种味道。但只要伊那比·萨布伊莫古发怒，就要牺牲掉一只鸡，这一点是毋庸置疑的。

彭提阿纳

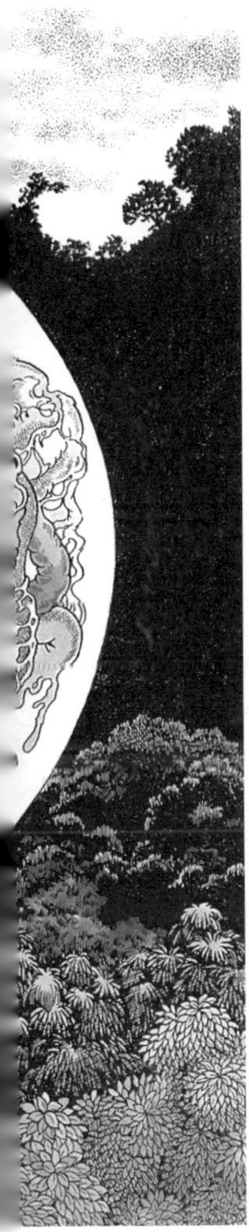

在婆罗洲岛上有一种怪物叫“彭提阿纳”，据说它只有头部。

不，并非只有头部，这种怪物的脑袋下面还连着内脏。它就是以这种怪诞的样子在深夜的天空中飞来荡去。

彭提阿纳会趴在民宅的窗户上窥视屋中的情景。如果哪家有熟睡的女性，它就会悄悄潜入，在女人的大腿上不停地吸血。

这怪物如此恐怖，但它的真身却是在白天过着普通生活的男人。

男人用黑魔法让脑袋脱离身体（脑袋下面悬挂着内脏），在深夜四处飞窜，天亮之前再让脑袋回到原来的身体中，然后装作什么都没发生。

脑袋如果能在日出之前回到自己的躯体，男人就可以像往常一样生活。但如果那颗脑袋还没来得及返回就被太阳光照射，便会化作一摊臭水，再也无法变回人类的模样。

安图·帕拉

从前，婆罗洲的某个部族，会将刚刚狩猎来的人头放置在丛林中晾晒三个月。

但是，那些头颅经常跑去村子里，吃掉饲养在地板下的鸡。

那些头颅就这样变成了妖怪，被称作“安图·帕拉”，据说它们大多在新月或月亮初升的夜晚出现。

不知为何，安图·帕拉到来之前，狗总会狂吠不止，所以村民们对狗突然喧闹起来的情况非常警惕。

安图·帕拉不仅袭击鸡，如果它碰到了某个人，那个人就会死。

安图·帕拉就像球一样跳跃着前进，那种场景非常恐怖。

要想驱除它，就得在村子四周洒上油，然后诵唱咒文。不过据说普通人做这些是没有效果的，必须是咒术师来做才会奏效。

巴厘岛的布塔

巴厘岛不愧是众神之岛，天地间存在着各种各样的神灵。

虽说是神，但人们也会称它们为“精灵”或“妖怪”，总之就是那些肉眼看不到的另一个世界的居民。

其中有个叫“布塔”的地灵。

传说它只有一只巨大的眼睛，栖息在巴厘岛的山川草木间，注视着来来往往的人类的动向。

布塔喜欢捉弄人，所以巴厘岛的人们会在十字路口或暗处供奉姜黄粉，祈祷它不要搞恶作剧。

布塔的发源地是印度，在那里它是没有影子的恶灵，非常骇人，还喜欢小孩子，传说它可以从孩童的身体里穿过。

布塔来到巴厘岛后并没有被当作可怕的恶灵。在这里，它总是戴着长有獠牙的假面具出现，顶多只是吓唬吓唬人。

罗尔威

“罗尔威”是澳大利亚土著居民传说中的精灵，是介于妖怪和神之间的一种存在，相貌和人类的青年毫无差别。

很久以前，番薯可以在原始密林中随意走动（植物也有“灵”，所以可以自由活动）。

可是，有一回罗尔威呵斥道：“你是个番薯，就应该老老实实地待在土里。”于是，番薯就在丛林的土地里生了根。

也正因如此，人们才能够随时从土里挖到番薯。

罗尔威有黑色的皮肤，系着围裙，据说这围裙是单身的标志。

直到现在，人们还会把罗尔威做成雕像，雕像也是系着围裙。雕像的前胸和后背都画着番薯，两只胳膊上各画有四片叶子，描绘了番薯的生长过程。

水鬼

“水鬼”和日本的河童一样，会将靠近河边的人类拉入水中，是韩国非常有代表性的妖怪。

关于河童的由来有各种各样的说法。而这种水鬼，据说是由溺水身亡的人变成的。

要想镇住这种鬼，就要举行祭祀仪式，供奉食物。在日本也经常举行一些和水神相关的仪式，在将河童奉为神仙的地方，多会供奉一些河童喜欢吃的黄瓜。

但是，对水鬼要用独特的方法，不仅要贡献祭品，还要雇来和死者人数相当的游泳健将，在水里假装淹死。

最重要的是想方设法满足水鬼，让它再也不要害人了。这种对付水鬼的策略，应该是韩国历代人民集体智慧的结晶吧。

亲族鬼

在韩国，没有被好好吊唁的灵魂会变成鬼，对亲人作祟。

有一个叫李斯文的人，他十年前死去的岳母又在家中现身了。

人们只能看到她腰以下的身体，能看见她穿着纸糊的契玛（韩国传统的裙子），脚是漆黑的，瘦得只剩骨头了。

她对家里人呼来喝去，百般指使，早晚饭自不必说，无论想要什么东西，都必须弄来，若是不合心意，便会大发雷霆。

家里人看不到她吃东西的样子，不知不觉间饭菜就没了。

李斯文非常烦闷，举行了很多法事，想要驱赶这只鬼，但是毫无效果。反倒是自己生了病，不久就死了。

大概是鬼的法力占了上风吧。

在韩国，这类故事流传着很多版本。

对这类妖怪有“妖鬼”“怨鬼”“鬼物”等种种叫法，如果是自己家里人的话，就被称作“亲族鬼”。

鬼附身

在韩国京畿道的杨州郡，郑相国（相国相当于现在的日本首相）家里曾经来过一个鬼，附到了家中婢女身上。

从那以后，那位被附身的婢女便能够预知祸福吉凶了。鬼能够通过那女子之口占卜未来。而且，预言之事肯定会发生。

有一天，郑家的邻居，一个高官世家出身的贵妇人，丢了一支贵重的金簪。她硬说自己的侍女是盗贼，狠狠地责打了侍女。侍女不堪羞辱，就想让鬼附身的婢女告诉自己真相，对方却并未言明。

后来，贵妇人也发觉不是侍女偷走的，于是造访郑家，想问一问簪子到底在哪里。结果婢女却说：“这事会让你脸红，实在难以启齿。”还是迟迟不肯作答。

终于，贵夫人生气了，破口大骂。于是，鬼借助婢女之口说：“数日前的黄昏，您和邻家的男子一起进了庄稼地吧。那时，田里的树枝将簪子钩下来了。”说到这儿，贵夫人的脸变得通红，当场逃离了。

还有一次，郑家的男仆偷了东西，也被这婢女给说中了。那男仆矢口否认，还想对婢女恶语相加，却突然晕倒了。他醒来后说，当时一个紫髯大汉突然出现，用力揪住了他的头发，他眼前一黑就晕倒了。

蛇女

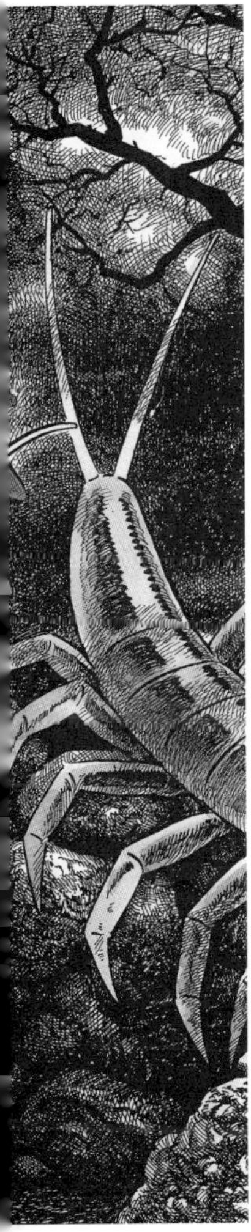

有个和母亲相依为命的韩国年轻人，某次出门乞讨，在深山里遇见了一位美丽的姑娘。

姑娘把年轻人邀请到家里，让他饱餐了一顿，还为等待儿子回家的母亲准备了米和钱。

儿子把这些带回家里，母亲见了非常高兴，便叮嘱儿子再去一趟姑娘家表示感谢。于是儿子又出门了。

在途中，他遇到了七个道士。道士们告诉他那姑娘其实是大蛇变的，而且那蛇女还想把他杀死。

但是，年轻人相信姑娘是自己的救命恩人，见到她后就把道士的话都告诉她了。没想到姑娘恳求道："我确实是蛇。但是，道士的真身是蝎子，和我有仇，明天我就要和他们做个了断。若是我打赢了他们，请让我成为你的妻子。"

年轻人答应了。

第二天，大蛇和蝎子开始了激烈的战斗。一场殊死搏斗之后，大蛇终于将蝎子打败了。

大蛇翻了个跟头，变成姑娘的样子，如约和年轻人成为了夫妇。夫妻二人与母亲一起过上了幸福的生活。

客神

这是一种附身鬼。在韩国，家人之中如果有人得了病，或是经常说自己很痛苦，或是变得疯癫，就说明这个人“被客神附身”了。

判定被附身后，那家的人（或者说家族中仍然健康的人）就会做好各种食物，拿到患者身边。然后用刀子敲打患者全身，再将刀子拿到屋外扔掉。

如果此时刀刃朝向屋外，就说明客神已离去，接下来就要把准备的所有食物全部丢弃，等待患者康复。

但是，如果刀刃指向家里，就表示客神仍然附在病人身上，必须继续敲打患者，直到刀刃指向屋外为止。

在过去的日本，如果断定一个人被“狐狸附身”了，也会采取这种原始的方法。

对于精神病患者，则会用灌凉水之类的方法折磨他的肉体，令其恢复正常。实在是太过分了。

韩国还有一种和客神很像的妖怪，被称作“客死鬼”。这也是一种附身鬼，但对付它的方法是用纸将铜钱包起来扔到某个地方，似乎不用对患者的肉体施加暴力。

燃灯婆

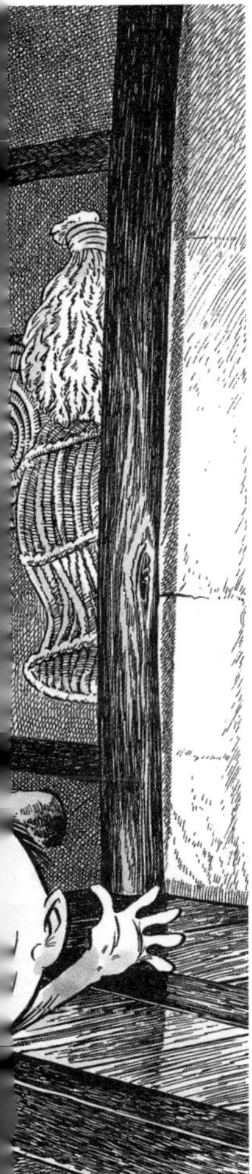

很久很久以前，岭东一带有个渔夫，漂流到了东海的女人岛，被那里的女人们杀死了。从那以后，渔夫的冤魂每年二月一日就会来到岭东，在人们家里的梁木上住上一个月。这一个月里要供奉祭品，以祭奠“岭东神”。

人们在这一个月里不会买卖大米。如果买卖大米，就会招来岭东神作祟，会变穷或是生病。

在庆尚道，类似的存在被称作“燃灯婆”（岭东婆）。据说它二月一日来，十五日回去。这期间渔民不出海打鱼，人们都会停止工作。

据《东国岁时记》记载，“燃灯婆”降临期间会立起十二根木竿迎接神明，并且选择马头形状的木头，以跃马戏来取悦神明。这种活动叫作“燃灯”。

在日本也有和燃灯婆同一谱系的神灵或妖怪。

出云的佐太神社在阴历十月会举行“神在祭”，这期间会有各种各样的禁忌。祭典期间大海波涛汹涌，被称作“龙蛇大人”的一种海蛇（长吻海蛇）一定会被冲上海岸。

这种海蛇被认为是海龙的使者，能保护人们免受火灾和水灾。

伊豆七岛的“海难法师”“忌日明神”以及神奈川县的“借簸箕婆”等，都和“燃灯婆”是同一个系列的故事。

岩石神

未能孕育孩子的夫妇大多会向送子神仙求子，但在韩国，人们也会向自然精灵祈祷。

人们会在山里找一棵树根空了的树，或是形状像两个人拥抱在一起的石头，把这些作为祈祷的对象。

在江原道某地，曾有位没有孩子的妇人，跑到人迹罕至的深山里祈求岩石赐给自己孩子。

这种祈愿的方法，感觉像是修道之人的做派。首先要定下祈祷的日子，然后在那天的傍晚离开家，以溪水沐浴，清洁身体。

然后准备三尺白棉布（奇数尺最好），鱼干，以及用清水淘过七遍或九遍的白米。将米在山里煮熟，供奉在要祈祷的岩石前。虽然这都是一个人悄悄地完成，但也可以算是一场庄重的神事了。

仪式就此开始，在米饭上放上一团白线，一端固定在岩石上，另一端系在旁边的树上。祈愿的人坐在岩石前一动不动，默默祈祷两到三个小时。

这期间如果感受到了某种显灵的迹象，那便是送子神仙的启示。

得到启示的妇人谢过神仙，便会欢欢喜喜地下山去了。若是静坐一夜都没得到启示，就要另择时日，再一次满怀诚意地去祈祷。

孙阁氏

在韩国，若一个人心怀对人生的种种不满而死去，他的灵魂就会变成无恶不作的鬼怪。

有一种叫“孙阁氏”的鬼怪，是尚未享受人间鱼水之欢就死去的妙龄处女的亡灵，对尘世的留恋和怨恨让她变成了恶鬼。

据说那位处女鬼孙阁氏，因为怨恨自己没有经历人生的欢乐，特别嫉妒其他少女享受人生的样子，便附在她们身上做尽坏事。

为了不让孙阁氏附身作祟，家里有适龄少女的母亲就不得不非常小心。女儿一旦患病，就要请巫婆前来诊断是否是孙阁氏作祟。

若是确定被附身的话，就要立即请巫婆祈祷，并准备好各种供品，巫婆会打着鼓跳起舞蹈。另外，为了让附在女儿身上的孙阁氏转移到衣服上去，会把女儿所有的衣服堆在一间空屋子里。这种祈祷活动要持续一整天。

若是这些都没有效果，女儿还是因孙阁氏作祟而死的话，女儿就有变成孙阁氏的可能，家人们就会在给她下葬时，举行特别的仪式。

首先要给死去的女孩儿穿上男人的衣服，反向葬入墓穴，还要在棺材周围埋上满是尖刺的树枝。其实这是通过让她间接和男性接触来安抚她。

妖鬼投石

在朝鲜王朝15世纪中期的著作《海东杂录》中，有这样一段记载。

很久以前，有一个人名唤昌孙，是一位当了三十年大臣的权势滔天之人。在他九十岁高龄的某一天发生了这样一件事：昌家出现了一个“妖鬼”。

不过这个妖鬼从来都不现身，只是投石头吓唬人。即使在大白天，也不停地从各种地方扔石头过来。

时间一长，这桩怪事就成了坊间传闻。人们都在说，这肯定是妖怪在作祟。

昌孙非常愤慨：就算我老了，也容不得你个小妖怪来戏弄我！于是他爬上屋顶，狠狠地瞪着屋脊上的兽头瓦，然后竟然把那兽头瓦烧了。

昌孙觉得投石的原因就在这兽头瓦。他原本也害怕妖鬼报复，到最后终于忍无可忍了。

从此以后，轰动一时的妖鬼投石戛然而止，再也没有发生过怪异的事。

人们知道怪事的消失是因为昌孙烧掉了兽头瓦，可有人觉得，以后昌孙肯定会遭到可怕的报应。

但是那之后根本没有什么报应，昌孙非常健康，平平安安地度过了余生。

自由魂

在韩国，人死后，亲人或朋友会立刻拿着故人的衣服站到院子里，一边挥动衣服一边朝着屋顶说："衣服、衣服！"或是喊道："回回头，拿上衣服再去吧。"

这是因为人们觉得刚刚去世的人的"自由魂"还没有去另一个世界，仍在家周围徘徊，如果看到自己的衣服应该会回来。

换句话说，这是召唤逝者灵魂的举动。

自由魂是离开肉体独立存在的魂魄，人们相信若是能赶在自由魂到达彼岸（阴间）之前把它呼唤回来，那个人就会重新活过来。

有时，自由魂也会在人还活着的时候暂时脱离肉体。当然，即使离开也不可能到彼岸去（到了彼岸就相当于死了）。

而且，只有巫婆才有能力去追赶黄泉路上的灵魂。

在日本也有"叫魂"的习俗，与此完全相同。人快要死的时候，亲友会爬上屋顶，或是朝井里大声地呼喊，让灵魂归来。

不可杀

高丽灭亡的时候（14 世纪末），出现了一个吃铁的怪物。

这怪物几乎把全国的铁都吃光了。国家眼看就要没铁了，于是人们便想杀死这怪物，却怎么都杀不死。于是这家伙就得了个“不可杀”的名字，也就是“杀不死”的意思。

据说，最初是有人闲来无聊，将米饭粒在指尖搓圆，做了一个怪兽的形状，并在它嘴边插了一根针，结果却被那怪兽吃下去了，于是这个妖怪便诞生了。

从那以后，怪物每吃一次铁，身体就长大一些，体形也从一个幼犬大小，变成了一头公牛那么大。

因为是用手指胡乱捏的，所以既不像狗也不像牛，样子怪得很。后来，有人在它尾巴上点了把火，它便消失不见了。

逃开比

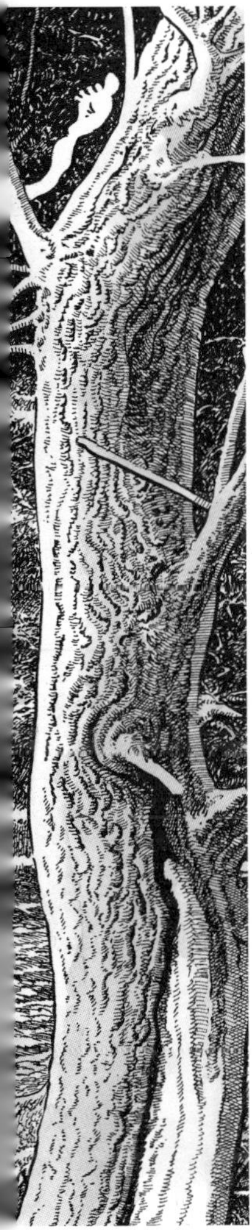

这是韩国很有名的一种妖怪，据说如果对不听话的孩子说“逃开比来啰”，孩子马上就会变得老老实实。

在下雨或起雾的日子里，若是突然出现了燃烧的火球，那就是“逃开比”。火球一会儿红一会儿蓝，一会儿变大，一会儿又拖着长长的尾巴，从大山到原野来回游荡。

有的逃开比的形象不是火球，而是一条长长的腿。

这种逃开比拥有日本河童一样的性格，去河边捉螃蟹的人，有时就会遭到逃开比的捉弄。

就像日本的妖怪“弁庆堀的河太郎”那样，逃开比总是说“金先生”（好像只会说这个）。

也就是说，不管谁来了，它都只会喊“金先生”，由此可知那是逃开比。

这条大长腿将人类痛痛快快地捉弄了一番后，就一边笑着，一边蹦蹦跳跳地朝山里跑去了。

有时，人们来到河边捉了许多螃蟹，正高兴的时候，螃蟹突然全都变成了牛粪，这也是逃开比搞的鬼。逃开比并非只有一个，而是有许多，有时还会和人类比赛摔跤，这一点也与河童也非常相似。

帝席

在韩国，“帝席”主宰着作为一家之主的男人的命运。

据说帝席这种神灵住在家中最里间屋子的壁橱里，没有神像，所以它的样子没有流传下来。

不过人们会在壁橱里放上白色的陶罐，陶罐里盛上一升三合大豆和七尺布，以此来供奉帝席。

家里人平日里不会去碰它，只在每年二月一日大扫除的日子才换上新的。

虽然帝席没有神像，但却作为家神代代相传，长辈会教导晚辈“那里面有神仙”，于是人们大概都能诚挚地接受，信仰也由此扎下了根。

从前的日本也是这样，家中处处（从灶台到厕所）有神灵。人们看不到它们，但是每个人都能感受到它们的存在。

酒精灵

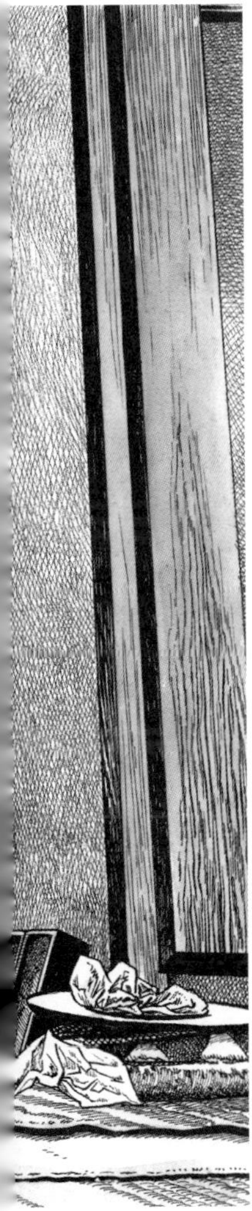

李氏朝鲜初年（14世纪末），首尔的南山大街有一个幸运儿，十五岁的时候娶了媳妇，所以很早就加入了成年人的行列。

从那时起，他就沉醉于晚餐的小酌，到了二十岁，已经不满足于只是晚上喝酒，染上了一日三餐都必须豪饮的毛病。并且，每天晚上都要召集酒友们喝到天亮。由于继承了父母的财产，所以他不用劳作，一年到头过着通宵达旦喝酒的日子。

此人到了六十五岁的时候，终于得了病，病情日渐恶化。家人从各地请来名医为他诊治，吃了各种各样的药，却丝毫不见效。最后就连自己最钟爱的酒也不能喝了。

有一天，他突然剧烈地呕吐起来，从嘴里吐出一个又细又长的软绵绵的东西，就像男人的阳具。妻子不方便把那东西扔出去，就洗干净挂在了壁龛的柱子上。

过了几年，有位来自明朝的使者拜访他的府邸，看到了壁龛柱子上的东西，请求将那东西让给他，最后用十万两重金买了下来。

明朝官员说那是“酒精灵”。主人五十年来喝下的酒在腹中凝结，最后变成了酒精灵。

使者将那东西放进一盆水中，主人喝了一口，那水竟然变成了芳香的美酒。

石佛

朝鲜李氏王朝成宗（1469—1494 年在位）壬寅年，开宁县松坊里的一个农夫下田耕种，从土里挖出了一尊“石佛”。

虽然眼睛、鼻子、嘴巴、耳朵都磨得看不清楚了，但是，也没有将佛像丢弃的道理，于是农夫把石佛立在了田边。

有个得了哮喘病的村民，抱着试试看的想法向石佛祈求，症状立刻减轻了。

这件事很快就流传开来。无法生育的夫妇、想要娶媳妇的光棍、丢了东西的人……无论男女老少，只要心有所求便都来参拜。来的人络绎不绝，供品也越来越多。

后来，有僧人前来守护香和花，又有施主建造了瓦屋，石佛被安顿在了气派的佛堂之中，从此作为一尊灵验的佛而声名远播。

韩国是一个遍地岩石的国度，韩国人将石头视为有灵性之物。精灵或灵魂会附在各种东西上。从我在马来西亚塞诺伊族的精灵体验来看，应该是存在这种眼睛看不到的东西的，它们有时还会帮助病人。

我想这种在石头中出现（或者说附身于石头）的精灵，是在努力让人类的命运朝好的方向发展的。

鬼火

一位名叫安的男子，少年时代有一次带着童仆（年幼仆人）骑马远游。

那天晚上周围漆黑一片，路上未遇一人。差不多走了一里地的时候，眼前突然一片明亮，就像是有人点起了火把。

安觉得不可思议，勒住马看了一会儿。那团火好像在一点点向他靠近。正在纳闷，转眼间安已被火焰团团围住，等回过神儿来，周围已经变成了长达半里的火海。

“这是鬼火！”恍然大悟的安赶紧挥鞭，策马奋蹄逃走了。

逃了不到一里，回头一看，鬼火已消失得无影无踪。安松了一口气。就在这时下起了雨，他再次策马前行，走下九曲连环的坡路。

为了不滑倒，安小心翼翼地骑马前行，没想到鬼火又出现了，堵住了他的去路。

安开始后悔在夜间骑马远行，他拔出剑，发出怪声，拼死闯入鬼火之中。

结果，熊熊燃烧的鬼火竟消散在路旁的丛林里，随后响起一阵令人毛骨悚然的鼓掌声，还有咯咯的大笑声。

夜光鬼

二百几十年前，韩国京城（现为首尔）的纪实性风俗录《京都杂志》中写道，“夜光鬼”在深夜出没，向居民家内偷窥。

夜光鬼经常盗取人的鞋子，为鞋子的主人招来祸事。京城的孩子们非常惧怕这种鬼，天刚一擦黑，就把自己的鞋藏在屋里，熄了灯早早睡觉。

也有逃离厄运的方法，那就是在门外挂上一面巨大的筛子。夜光鬼有个奇怪的癖好，看到筛子后就要去数筛子有多少孔。筛子至少有一两百个孔，很容易数错，于是又得从头再数，无论数多少遍都会出错。夜光鬼这样忘我地数了一遍又一遍，时间慢慢流逝，不知不觉就到了天明。

夜光鬼最讨厌太阳，赶紧逃走，自然没时间向屋里偷窥，也没时间盗取鞋子了。

日本也有“独眼小僧”数筛子孔的传说，日本和韩国似乎有着共通的民间信仰。

还有一种说法：夜光鬼原来的名字是“药王（菩萨）”。

冤魂

在韩国，含恨而死的人的灵魂会变成名叫“冤魂”的鬼怪（幽灵）。死于意外事故、被诬陷含冤而死的人，也容易变成冤魂。因为对尘世还有留恋，所以会报复怨恨的对象，或是说出自己的冤屈，申斥冤情。

被冤魂缠身的人，会变得精神异常，或是生病，无论做什么事都不顺利，也可能遭遇意想不到的天灾。

从前，有个叫奉常寺的寺庙，将冤魂好好供奉了起来，想要防止其变成鬼怪。寺庙的东面供奉的是死于兵刃(武器)之下的人，死于水灾火灾或遭遇小偷而死的人，被人抢去钱财后丧命的人，被夺走妻妾后死去的人，被卷入战火受伤而死的人，遇到天灾或瘟疫抱憾而死的人。

寺庙的西面供奉的是被猛兽袭击、毒虫撕咬而死的人，在战斗中死去的人，被倒塌的建筑物或是墙壁砸死的人，冻死的人，情急之下上吊自杀的人，死于难产的人，死于地震灾害的人，还没有孩子就死去的人，从树或悬崖上掉下来摔死的人。就像这样，分为东西两座十五位，在每年 7 月 15 日（满月之日）和 10 月 15 日，会举行两次祭祀典礼。

没有被供奉的冤魂则会化为厉鬼（疫鬼）。为了防止出现这种事情，就要进行吊慰。

附身于炭的恶鬼

在韩国，人们一直相信，邪神“恶鬼”喜欢附在炭上面。

比如一个人在路上走着走着突然摔倒了，那么土地里肯定有“恶鬼”，而且恶鬼就附在炭上。

所以人们认为，在摔倒的地方肯定能挖出炭来。

虽然无法直接看到恶鬼的样子，但如果把它附身的炭封印了，恶鬼也就被封印了。所以绳子便派上了用场——用绳子把炭块绑起来即可。另外，在即将有小孩出生的人家，为了阻止恶鬼伤害产妇，也会在大门上挂上绳子。

为什么要在炭上绑绳子呢？实际上这里面含有五行（从古代中国传来的思想，相信金、木、水、火、土这五种元素构成了宇宙万物）相克法则。根据这一法则，绳是金、炭是木，因为金克木，所以用金属性的绳子绑住木属性的炭，就可以制服恶鬼，防止它入侵。

换言之，这是在中国咒术的基础上想出来的方法。

有孩子出生的人家必须要在大门上挂绳子，如果生的是男婴，还要把辣椒（如果是女婴就换成松枝）绑到绳子上挂起来。

神鸟斯摩奇

波斯人传说这种神鸟栖息在高加索山上。

它精通语言，能像哲学家一样辩论。

有个人询问斯摩奇的年龄，它是如此回答的：

“这个世界经历过七次毁灭，每一次物种都会全部灭绝而后重生。我们现在所处的亚当时代，已经存续了七千年。这是岁月轮回中的一个大周期，我已经看过了十二个这样的周期，不知今后还要看多少个。”

相传神鸟斯摩奇还被英雄们当成坐骑。

它的速度非常快，更确切地说，它在转眼间就可以把人载到无限远的地方。

斯摩奇是像天狗、仙人一样的生物，但它体形巨大，而且食量惊人，要吃光好几座山上生长的东西才能活下来，这一点比较麻烦。

奥文尼克

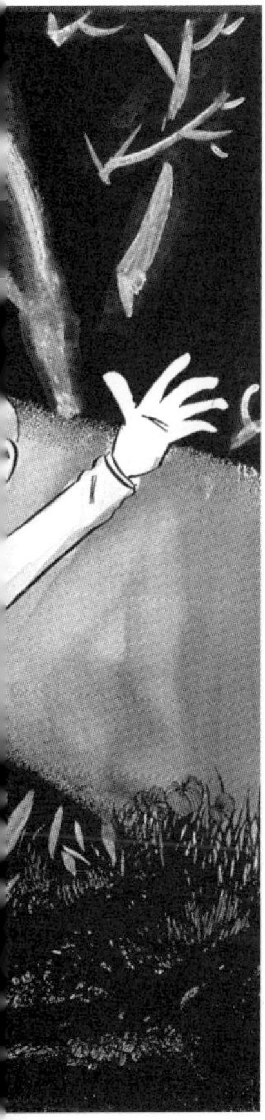

在俄罗斯，烘干谷物的小屋叫作“奥文”，里面住着名叫“奥文尼克”的妖精。

一位住在弗拉基米尔（莫斯科附近）的农民，为了烘干谷物，就去了奥文。他点起火，便靠在墙上休息，这时一个浑身是毛的白发老人爬了进来。

老人爬到炉子旁边，烤起了手和肚子，农民本以为他要站起来，结果他却变成了一头熊。熊用两只后腿直立着走向农民。农民晕了过去。

那之后过了一年，这位农民在市场上遇到了一个向他打招呼的陌生人。

“一起去喝几杯吧。我请客。”

“初次见面，这怎么好意思呢？”

“没关系，走吧。”

农民跟着那男人去喝酒了。酒过三巡，他再一次询问对方请客的原因。那男人沉默了片刻，说：“请原谅我。去年，你被‘奥文尼克’吓到，其实都怪我。那时我从奥文前路过，看到你正在烘干谷物。我突然想捉弄一下你，便把奥文尼克叫了来，让它去吓唬你——我从心里诚挚地向你道歉。”

图鲁萨斯

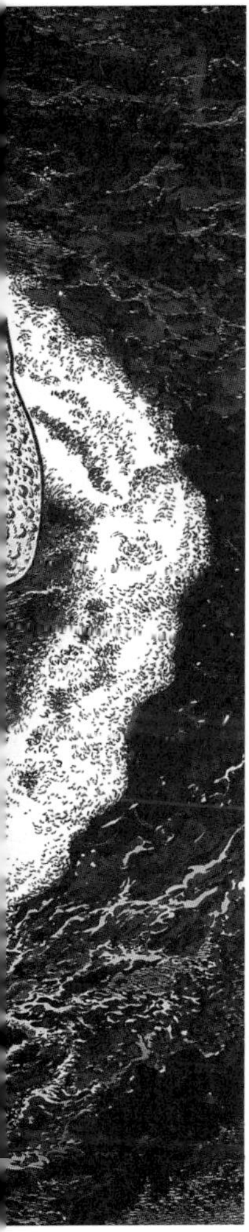

据说“图鲁萨斯”居住在俄罗斯的海底。

它是水精灵，没有人知道它长什么样子，俄罗斯人说它是“怪物模样的妖精”。

俄罗斯人一般认为水妖会伤害人类。作为邪恶水妖的代表，“沃迪亚诺伊”可能比图鲁萨斯更加为人们所熟知。

不过，确切地说，沃迪亚诺伊是俄罗斯的水精灵，图鲁萨斯是芬兰 - 乌戈尔族流传的水精灵。

关于图鲁萨斯，还有一种神话上的解释，那就是——为了将处女收割的草点燃，图鲁萨斯从海底诞生了。

芬族（芬兰）人也有水神的传说，只不过图鲁萨斯并不是水神的同类，而是环绕在神周围的低等精灵。所以准确来说，它是没有形状的。

冬精灵

这是一个发生在俄罗斯的故事。有一次，“冬精灵”的儿子跑到森林里，想把一个农夫冻僵。它发现农夫正在砍柴，就钻进了他的衣襟里。

农夫感觉冷，就抡起斧头，更加卖力地伐木，好让身体暖和起来，最后竟把手套都摘了。

年轻的冬精灵认输了，于是又钻进了他的手套里，把手套冻得硬邦邦的。

砍了满满一车木头的农夫打算回家，一看手套冻得硬邦邦，手指都塞不进去了。于是他再次举起斧头，开始砍手套。里面的冬精灵疼得受不了，因为农夫的斧头砍到了它的侧腹部。冬精灵险些丧命，就赶快逃跑了。

据说日本的“雪爷”也会戏弄旅行者。它并不像“雪女”那般恐怖，到了冬天会出没于北方。

斯特里戈伊

罗马尼亚传说中的“斯特里戈伊”拥有红毛、蓝眼，还有两个心脏。

自杀者或犯罪者、作伪证者或魔女、排行第七的儿子、被胎衣包裹出生的人、在胎儿时就被吸血鬼盯上的人、单相思而没能结婚就死的人，还有被猫从身上跳过的死尸等，都会变成斯特里戈伊。

也就是说，死于非命的人变成斯特里戈伊的可能性会更高。

罗马尼亚人将斯特里戈伊视为“死去的吸血鬼”。

为了不让这些尸体变成斯特里戈伊，要做一些特别处置，比如用镰刀扎入心脏，还要用九个纺锤将尸体钉在地上以防尸体站起来。红酒也是防御吸血鬼的利器之一。

另外，辨别尸体是否会变成斯特里戈伊，只要看尸体的样子就知道。如果尸体左眼圆睁，怒目而视，就会变成这种妖怪。

在埋葬这样的尸体时，要做前述处置，而且要把用过的绳子也一起埋掉。如果这绳子被使用黑魔法的人得到，则会把死者的亲属也变成吸血鬼。

魔像

从前，在捷克斯洛伐克有个故事，说是一个研究神秘现象的学者制作了一个泥土机器人，每隔三十年，泥人就会复活，惩治恶人。

还有一个故事。布拉格有位装订工匠，接了个修复犹太古籍的活儿，据说前来委托的客人就是个“魔像（有生命的泥人)”。

虽然不知是真是假，但这种故事传得越来越神乎其神——巨大的魔像是为了推翻世上的恶政而制造出来的；当犹太人受到迫害时，魔像就会出手相助等等。

要想制作出魔像，首先要举行神灵仪式，然后用泥制作人偶，一边咏唱咒文，一边在人偶的额头贴上写有“emeth（真实)”的羊皮纸，这样就为人偶赋予了生命。

想要让魔像听从命令，就要对它进行一些限制，例如不可以走出家门、只能白天活动等。如果打破了这些制约，魔像就会变得非常残暴，再也不受人类的控制。

要想毁掉魔像，只需要把它额头上“emeth”的第一个“e”去掉（meth 是死的意思）即可。

唉

这是保加利亚一种浓眉毛、宽下巴，还长着锛子一样牙齿的恶魔。

它有时会把人类的小孩当作徒弟，教他们魔法，是很有趣的妖怪。

这种妖怪一听到有人发出“唉”的声音，就以为是在叫它。

错过了幸福的人、在人生之路上疲于奔命的人，坐在路旁的水井边，一不留神叹了口气：唉。唉以为是在叫自己，就会出来。所以，即使再疲惫，也切记不要叹息。

保加利亚有这样一个传说。

有位母亲将自己的儿子送给恶魔唉当儿子，因为她的儿子无论干什么活儿都干不好。

母亲以三年为期限，让唉照管儿子。但是，唉会嫉妒学会魔法的孩子，并将他们杀死。唉的妻子把这个秘密告诉了那个孩子。于是，孩子即使学会了魔法，也在唉的面前装作不会的样子。三年以后，他终于平平安安地回家了。

鲁萨尔卡

“鲁萨尔卡”是水精灵，是没有受洗就死去的孩子或溺水而死的女孩等非自然死亡者的灵魂。

作为水精灵，鲁萨尔卡一般生活在水中。精灵降临祭过后会从水里出来，到森林或原野中居住。在月明之夜，鲁萨尔卡会摇动树枝起舞。在陆地上时，它偶尔会在黑麦麦田里出现。

人类如果在森林中遇到了鲁萨尔卡，它就会给人出谜题，若是人类答不出来，鲁萨尔卡就会胳肢那人，直到他笑死为止。

所以一旦遇上鲁萨尔卡，就要小心应对。

在俄罗斯，人们认为鲁萨尔卡是全身长毛的丑女。在东斯拉夫其他国家，鲁萨尔卡则是有一头绿色长发的美丽姑娘。

特别是在俄罗斯北部，传说鲁萨尔卡是个头发乱糟糟的坏心眼女孩，脸色如溺水死尸般苍白，双眼冒着邪恶的绿光。

还有人说，多瑙河或第聂伯河的鲁萨尔卡们，会唱曲调优美的歌。

水妖精

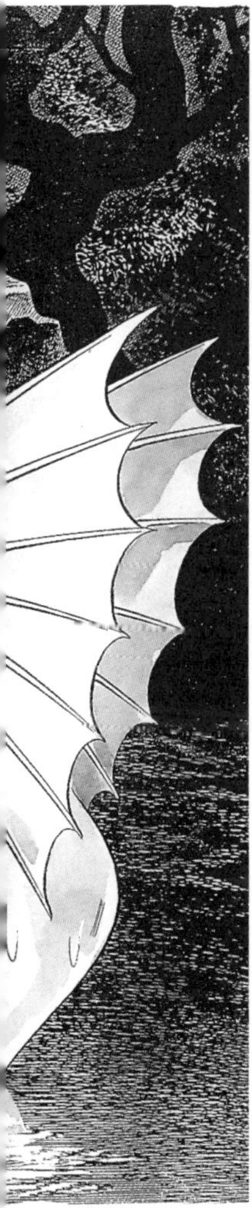

从前德国人相信河里住着神，“水妖精”就是河神变化而来的。

水妖精住在桥下，会诓骗或嘲笑过桥的人，除此之外不会造成其他的伤害。

但是，水妖精的前身河神却并非如此。发生水灾大多是因为人类触怒了河神，因为在河上架桥意味着侵犯了河神的领地。所以，为了平息河神的怒气，人们会在桥上举行祭祀和酒宴。这种习俗似乎一直持续到 18 世纪。

河神之怒非常可怕，不过低等的水精灵就没有那么吓人了。这便是从前德国人的想法。

这与日本人对待河童的态度非常相近。河童被认为是降级的水神。

比威斯

这是德国一种个子高高瘦瘦，长得奇丑无比的家伙。

“比威斯”是粮田里的妖精。它出现在农田时，会在脚趾上绑上镰刀，在田地里一边走一边割庄稼。所以人们一般将它视作“破坏粮田的恶魔”。

它出现的时间是固定的，如圣约翰日、五朔节之夜（五朔节的前夜，一般认为这个夜晚女巫会横行肆虐）、圣灵降临祭的日出之前。人们为了保护田地免受它的侵扰，就在田地的四角埋入十字架，或者隔着田地放枪（在复活节的日出之前）。

也就是说，使用的是击退恶魔的方法。

在日本九州地区有一种叫“兵主部”的妖怪，危害不像比威斯这么大，是河童的同类，经常出现在夜晚的农田里。

德国鬼火

德国的“鬼火”和英国一样，被认为是侵犯边界者、自杀者、没有接受洗礼就死去的孩子的灵魂。

无法安息、彷徨游荡的灵魂变成火出现，这一点确实和英国（应该说世界各地）的传说是相同的。

鬼火通常出现在暗夜的森林里，诱骗人们进入沼泽（有时让人迷路）。如果给它报酬，它反而会为旅人照亮道路，指引方向，这一点倒是挺方便的。

如果一定要逃跑的话，可以向它扔一把刀子，然后念动咒语，鬼火就会消失。

日本各地也都有“鬼火”出现，形态多种多样，名称也不尽相同。其中的“送火”就像德国的鬼火，也会照亮前方的路，送旅人一程。

沙男

到了该睡觉的时候，若是有孩子不肯睡觉，“沙男”就会出现，往孩子的眼睛里撒沙子，然后把他们抱上床。在德国它被称作“睡眠精灵”。

不过，这种让人睡觉的方法多少有些粗暴。撒了沙子后如果还有不闭眼睛的小孩子，它还会咬孩子的眼皮，或是坐在眼皮上。

这样一来，不是更睡不着了吗?

巴伐利亚出现的“沥青小鬼”比沙男的手段更加粗暴，会在不肯睡觉的孩子的眼睛上糊上沥青。

这些妖怪的作用应该是哄小孩子睡觉，不过日本并没有类似的妖怪。

日本人熟知的“撒沙老太婆”会撒沙子吓唬人，不过和睡觉没有丝毫关系。

罗伊切特

“罗伊切特”会在狂欢节的星期四，出现于瑞士的勒琴河谷。

据说它可以赶走所有的恶魔，还会治疗不孕症等疾病，但是它的样貌奇丑无比，少女们尤其害怕它。

到了星期四这一天，在罗伊切特现身之前，少女们出门时都会用煤把脸弄脏，以防恶魔看上自己。按理说它应该最受女孩们欢迎才对。

罗伊切特身上裹着山羊皮，手里拄着拐杖，一路大吼大叫，走过一座又一座村庄，那副样子的确会让人心惊胆战。

这一带关于妖怪的传说有很多。因为冬天一到，死灵们就会从冰河来到山谷的村落里住下来。罗伊切特就充当了祓除恶灵的重要角色。

大魔怪

“大魔怪”是英国人为了让孩子们远离危险场所或不好的游戏而编造出来的妖怪，对于大人来说完全不可怕。大人们会给那些一直玩到太阳下山的孩子、夜里怎么都不睡觉的孩子讲大魔怪的故事，所以它是“孩子们房间里的妖怪”。

大魔怪是哥布林（妖精、妖怪）的一种。别名有巴咕、巴嘎布、啵咕尔布等，它的名字是由意为“妖怪”“恶魔”的 bug 和意为“有恶意”的 bear 组合而成的。

康沃尔（英格兰西南部的郡）的布卡和布卡·布也属于这一类妖怪，白布卡并不危险，但据说黑布卡很危险。如果小孩子大哭不止，大人们都会说：“再哭的话，布卡就来把你带走啰。”

在日本也一样，以前的大人会对孩子们说：“加莫（或者“蒙古”“元兴寺”）来吃你啦！”只要提到这种妖怪，孩子们就乖乖听话，屡试不爽。

淘气小妖

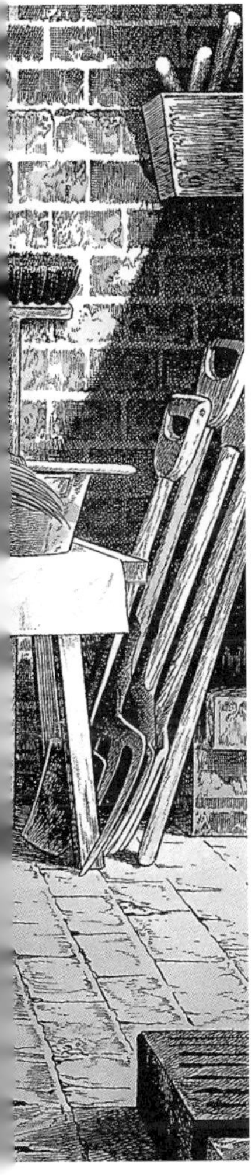

对苏格兰的清教徒来说，“淘气小妖”简直就是恶魔的代名词。人们将它想象成和邪恶的哥布林族一样的小恶魔。

但是，淘气小妖实际上是和帮人们做家务、打理农场的布拉乌尼很相近的妖精，只是它那爱戏弄人的脾性，会让有的人觉得它怀有恶意。

淘气小妖是个又矮又胖、浑身长毛的丑八怪。它亲切而善良，偶尔会恶作剧。也有人说它是“乡巴佬哥布林”。

总体来说，淘气小妖性情温和，乐于助人，喜欢恶作剧。和其他妖精一样，如果被惹恼了就会发火，并以粗暴的行径报复人类。也有危险的淘气小妖，比如出没于蒂斯河（英格兰北部）、被封印在除魔大石下面的无头小妖。但大多数淘气小妖对人类还是友好的。

树精灵

古老的大树里住着精灵，有人砍树的话精灵就会出现，攻击砍树的人。

日本人已经很熟悉这类故事了。这里讲的是北欧国家瑞典的“树精灵”。

很久以前，有一个樵夫，正要举起斧头砍一棵树，突然，从树根那里冒出了像烟一样的东西，把这棵树笼罩了起来。

吃惊之余，樵夫决定静观其变，结果从树里面冒出来一个头发乱蓬蓬，嘴裂开到耳边的彪形大汉，恶狠狠地瞪着他。

樵夫吓了一跳，慌忙逃走，连斧子都扔掉了。过后一琢磨，那应该是树精灵，才放下心来。

树精灵，即树的灵魂，据说是为了保护自己而现身的。

无论在日本，还是全世界，人们的想法似乎是共通的。日本也有很多“恶有恶报”的传说。

非洲的妖怪们

我在书上看到过树和石头会说话，但从未实际感受过。

大约在十年前，我去过非洲马里共和国的桑加。在那里，我第一次看到了真正的非人世界，不禁大吃一惊。从未见过的石头和树，在拂晓时分窃窃私语。

原来树和石头真的会说话呢。想到这儿，我不禁发出了“呜哇”的惊叹声。还有名为安德鲁姆的小矮人、名为耶邦的幽灵，这些妖怪也在岩石上面和树说着话。

这种神奇的体验让我明白：远古时代人们的传说原来是真的。再看看非洲的奇妙树木和石头，简直让我吃惊到一屁股坐在地上。“你是不是有点走火入魔了？”朋友告诫我说。“哪里，哪里，我只是长年以来的妖怪眼终于打开了而已，哇哈哈！”说完我反而拍了拍朋友的肩膀以资鼓励。然后，我又说：“全世界的妖怪都在等着我呢！”朋友听了这话，大喊一声，惊倒了。

阿斯普

“阿斯普”是非洲东北部的一种怪蛇，长得很像眼镜蛇。

通常是雌蛇和雄蛇共同生活，若是其中一个被其他动物吃掉了，剩下的一个就会对凶手穷追不舍，不杀死对方誓不罢休，所以攻击它是拿自己的生命开玩笑。

阿斯普的眼神可以催眠其他生物。只要被它看上一眼，无论什么生物都会睡着，所以想捕食它也很不容易。稍有差池自己反而会成为它的猎物，所以人类和动物都不接近它。

这种生物在古罗马作家普林尼的《博物志》中也有所介绍。

卡托布莱帕斯

据说，“卡托布莱帕斯”生活在非洲的埃塞俄比亚。

它拥有黑水牛一样的身体，猪一样的脑袋。它的头很重，一直垂到地面，脖子像肠子一样细长而柔软。它平常就坐在泥里。

长长的鬃毛遮住了脸，看上去像野兽，但却是一种合成动物。

因为头太重了，支撑它的脖子又太细，所以它在吃草的时候，会把脖子卷在自己的身体上。

它的感觉很迟钝，有时甚至会把自己的脚错当成草而咬到。

就像同样栖息于非洲的怪物“巴西利斯”那样，被卡托布莱帕斯瞪过的人必死无疑。不过因为这种怪物的头太重，总是向下耷拉着脑袋，所以和它对视的机会很少，也没有特别大的危险。

不过，它呼出的气也有毒，可以令花草枯萎，所以最好还是不要靠近它。

卡托布莱帕斯这个词的意思是：“偷偷从下面看”。

幽灵城镇

暮色降临，一具具骸骨突然像活人似的站了起来，手舞足蹈。

这些骸骨居住的地方就是“幽灵城镇”。

这里白天和普通的城镇没有什么不同，在人类看来，只是堆满了骷髅和骨头（的巨大城镇）。

但是到了夜里，这些幽灵（男幽灵）想让人类的女子当自己的妻子，所以就来到人类居住的城市。

和这种幽灵做了一夜夫妻后，人类的女子也会变成幽灵，换言之就是死了。

有个叫伊奥伊的女性，成了幽灵的妻子之后就从人类的城市消失了。她的弟弟布鲁·杰伊出门去寻找姐姐，结果自己也死了。这个故事在美国西北部海岸哥伦比亚河入海口附近的原住民——奇努克族中流传着。

霍皮族的黑鬼

这是在美洲原住民霍皮族的土地上出现的妖怪，又叫“布莱克·纳塔斯卡”。据说它会一边把脚跺得咚咚响，牙齿咬得嘎嘎响，一边等待饵食。它身上穿戴着美洲原住民的装束。想到日本的妖怪也多是和服的装扮，我再次意识到妖怪也多受地缘的影响。

另外，霍皮族当地有形形色色的鬼，它们只不过是数以千计的“卡奇那”的一部分而已。卡奇那从语言上很难定义，可能是祖先的灵魂、人和神的媒介者，或是各种各样的神灵。它是一种象征性的存在，是架在看得见的世界和看不见的世界之间的一座桥梁。

卡奇那们一年有一半时间在霍皮族的梅萨（村）度过，剩下的一半时间生活在高山之巅。对于和大自然保持着紧密关系的霍皮族来说，卡奇那是他们信仰的对象。

这也是在全世界范围内逐渐消亡的“精灵信仰”的一种纯粹形态。

阿霍拉

居住在美国亚利桑那州北部的霍皮族，将祖先之灵、云之灵、众神、人和神的“桥梁”等，统称为卡奇那。

卡奇那每年有一半时间生活在村子里，另一半时间生活在像圣弗朗西斯科山一样的高山山顶。

卡奇那的数量到底有多少并不为人所知，有人说有250到350位，它们的样子和职责各不相同。

阿霍拉是宝石之神，卡奇那的领袖，也就是“卡奇那首领”，据说和玉米有渊源。

它和氏族部落（亲族）有着密切的关系，被认为是部落的超自然伙伴（抽象的说法）。

有的卡奇那只是偶尔露面，不过大部分卡奇那会在每年的冬至时节到来，给霍皮族带来甘霖和丰收，以及幸福、健康和长寿。

霍皮族的白鬼

“白鬼”会和其他丑陋的卡奇那（参照“霍皮族的黑鬼”）一起出现。它来的时候，少年要献出捕获的老鼠，少女必须拼命地磨玉米。如果他们的这些努力得到了认可，白鬼就会静悄悄地离开。

霍皮族的土地是干燥的高原地带，非常不适宜作物的种植。和破坏农作物的老鼠做斗争以及磨玉米，对霍皮族的社会来说，是非常重要的工作。

所以，白鬼和日本的“生剥鬼”一样，是有教育意义的妖怪。虽然称呼和样子不同，但其性质是一样的。

我一直认为：“这世上的妖怪，有半数是全世界共通的。”这就是很好的例证。和生剥鬼一样，霍皮族的白鬼也令人毛骨悚然，对小孩子有很强的震慑力。

熊獾

对居住在北亚利桑那州的霍皮族来说，动物卡奇那（参照“阿霍拉”）非常重要，与其说是信仰的对象，不如说是具有现实作用的重要存在。

比如，熊卡奇那拥有强大的能量，对草药非常了解，所以能够治疗疾病，也就是医生。

熊之中的“熊獾”是特别厉害的名医，是霍皮人心目中最为重要的存在。

熊獾通常拿着弓和步枪出现，甚至给人一种威风凛凛的感觉。

在日本，很多动物都被认为是可以幻化的，或是可以变作人类。这类动物便遭到人类的忌讳，被归入妖怪一类。

有时候（或在某些地方），动物会被人们当作神的使者加以崇拜，但还没有听说过像熊獾这样直接为人类治病的妖怪。

惧鼠

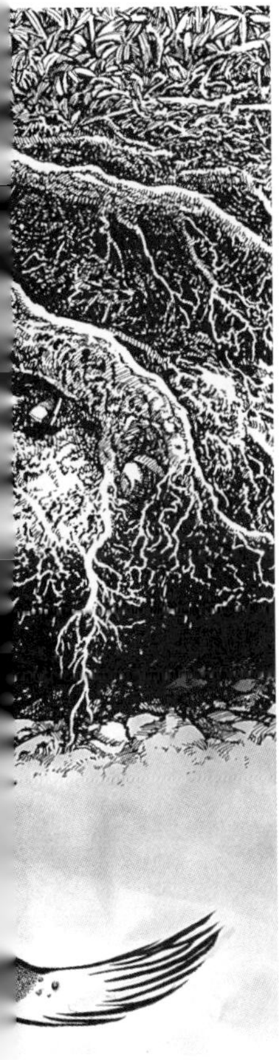

“惧鼠”栖息于美国宾夕法尼亚州的日本铁杉林中。

白天它很少现身。据说是因为它的身体被疣和痣覆盖，十分丑陋，它对此很自卑。而且它原本就是非常胆小懦弱的兽类。

因为惧鼠总是哭泣，据说猎人循着眼泪的痕迹，就能遇到它。特别是降霜的夜晚，惧鼠不想动弹，人们甚至能听到它在铁杉林的大树枝下哭泣的声音。

如果被人追捕，逃脱不掉，惧鼠就会用眼泪将全身溶化。

曾经有个人，成功地诱捕到了惧鼠，便将它放到袋子里准备带回家。走在路上，惧鼠的哭声突然停止了，袋子也变轻了。那人觉得奇怪，往袋子里一看，惧鼠已经不见了，只剩下眼泪和气泡。

真是奇妙的幻兽。

那·亚·奇·昆

在墨西哥，平常要是有体弱多病的孩子，村里人就会认为那孩子的灵魂与身体结合得比较弱，需要举行仪式来加强二者的联结。

不过，恶神总是会盯上孩子，这令村民们心惊胆战。

“那·亚·奇·昆”就是这种恶神。

据说，这位恶神会在大地上凿开一个洞，自己藏在洞里将孩子的灵魂吸走。

这位神的名字含有“夜空中悬挂的吊床”的意思，被它盯上的孩子就像是从挂在天空中的吊床上摔下来被大地吸走一样，所以才有了这个名字。

黑夜充满危险，所以在墨西哥孩子们都不喜欢晚上出门。

当然，不只是有恶神，也有让孩子们的灵魂在原野中玩耍的善良之神。这种神大多是女神，女神会让孩子们绽放笑颜，有时也会让他们哭泣，就这样守护着孩子们的成长。

在墨西哥，人们想方设法赶走恶神，有时还借助女神的力量，让孩子的灵魂和身体结合得更紧密，确保他们平平安安地长大。

“泰奇图库”是在墨西哥的瓦哈卡州流传的男性妖怪，据说变身后会劫掠人类。它长得很像男人，但两条腿并不对称，双脚同顺，走路方式也很笨拙。

它说起话来和普通人一样，人们难以发现它是妖怪。到了夜里，它才露出妖怪的本性。

很久很久以前，住在吉尔特佩克村的一对夫妇，曾经遇到过泰奇图库。那对夫妇正要去参加祭祀（庆祝）活动，随身带着墨西哥饼和奶酪干等食物。走着走着天黑了，他们便点起火来加热食物。这时一个男人走了过来。

男人和夫妇打招呼，又说想做晚饭，问能不能借一下火。丈夫将火借给了他，那男人便烤起鱼来。看到他吃烤鱼的时候，夫妇俩吓了一跳。

因为男人并不是把鱼放进嘴里，而是撕一块朝自己的一边肩膀扔去，再撕一块朝另一边肩膀扔去。夫妇俩知道那是妖怪特有的进食方式。吃完后男人又说要睡觉。夫妇俩害怕得睡不着，一动不动地看着它。

男人坐在火边，脱掉衬衣，烤起后背来。它的后背变得像青蛙卵一样，滑溜溜、黏糊糊的，蠕动了起来。丈夫见状急忙拿出盐巴，投入火中。

妖怪惨叫道：“盐啊——”然后逃掉了。

丈夫情急之下将盐投入火中，并不知道这是驱散妖怪的手段。后背藏着“真身”的妖怪，还是很稀奇的。

泰兹卡特利波卡

传说如果能够打败这位神明，它可以实现你的任何愿望。

墨西哥原住民纳瓦族的一位青年，爱上了一位姑娘，但姑娘根本不理睬他。苦恼之余，青年决心要挑战“泰兹卡特利波卡”，于是每天晚上四处游荡。

一天夜里，他走过一片草木繁茂的原野，听到一阵奇怪的沙沙声，随后一个身形魁梧的男子突然跳了出来。那男子右手持一柄短矛，左手拿着镜面盾牌。

“是泰兹卡特利波卡！”

泰兹卡特利波卡二话不说便朝青年扑了过来。这正如年轻人所愿，他便迎上前去。

“喂，你知道我是谁吗？”

“当然知道。”

“你若是输了的话，可就没命了哟！”

“这个我也知道。但如果我胜了的话，你会实现我的愿望吧。”

“那是当然。但我绝不会手下留情的。”

泰兹卡特利波卡说完，就和年轻人激烈厮打起来。但是年轻人绝不能输，他一心想要和姑娘结婚，全身充满了力量，终于将泰兹卡特利波卡打倒在地。年轻人请求神灵让姑娘回心转意，泰兹卡特利波卡答应了。

数日后，年轻人在小路上偶遇了那位姑娘。姑娘羞答答地对年轻人说：“请原谅我之前对你的冷淡。”终于接受了年轻人的求婚。

泰兹卡特利波卡如约帮助年轻人实现了愿望。

伊·桑·纽斯·齐·那

在墨西哥的阿雅乌托拉村，人们认为人类的灵魂存在于血液之中。

据说，灵魂的形态是“有生机的火焰”，这是父亲之神——太阳赐给母亲体内的胎儿的。

胎儿的灵魂非常柔弱，所以孕妇有种种禁忌，比如不能进入玉米地等。因为玉米地里住着一种叫“伊·桑·纽斯·齐·那”的精灵，它会夺取人的灵魂。

孕妇身负自己和胎儿的两个灵魂，所以必须谨慎行事。

成年男性也不可以掉以轻心，他们一边吸着恶灵厌恶的香烟，一边干农活。

在人的身体和灵魂结合得不那么紧密的幼儿时期，要加倍小心。一不留神，灵魂就会从身体里脱离出去。而且夜晚比白天更加危险。

科塔·马尔塔赫

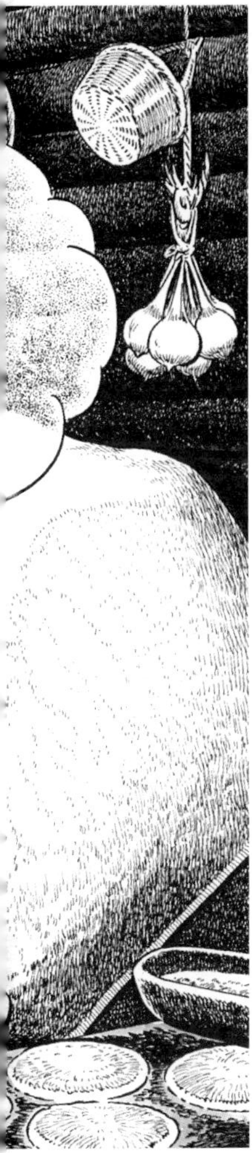

“科塔·马尔塔赫”是“穿着死者衣服的鸟”的意思。

在墨西哥的瓦哈卡州，坎塔鲁族居住的某个部落，居住着非常恶毒的狐狸、猫头鹰和科塔·马尔塔赫。这三个家伙有一个恶癖，会取走濒死之人的魂魄。

部落里有一个青年生病了，它们仨立刻商量起来。“我到他家门口，一边打滚一边叫。”狐狸说道。

猫头鹰接着说：“我去他家后头鸣叫。”然后心眼儿最坏的科塔·马尔塔赫说：“你们这样一闹，病人身边的人就会走到屋外，只剩下他一人。那时候，我就去把他的灵魂取出来。”

计划一步一步进行着，最后青年死了。他的灵魂变成小鸟，被这三个家伙放入了石笼中。小鸟每天悲伤地鸣叫。

一次，有位旅人到他们家中借宿，看到了那只小鸟，发现它的叫声不是一般小鸟的叫声，就趁这三个家伙不在的时候，在晚上将小鸟放走了。

第二天早上，科塔·马尔塔赫发现小鸟不见了，便逼问旅人：“为什么把小鸟放走了？”旅人说：“我做了个梦，如果不放走小鸟，我们大家都会死的。”听了这话，科塔·马尔塔赫并没有伤害他。

坎塔鲁族的人们相信，阴间的人会通过梦境向现世的人传递信息。简言之，就是认为现世活着的人被看不见的“灵”所操控着吧。也许事实的确如此。

查奈克

这是在墨西哥韦拉克鲁斯州南部、昆卡、潘普洛纳等地的农园或古村落里流传的妖怪。下面这个故事最有名。

在还没有电的时代，深夜的草原上，出现了一个小矮人。它长得很像人，光着身子。当地人叫它“查奈克”。

遇到查奈克的人，必定会被催眠，随后被带到很远的地方，遭受一顿毒打之后扒光衣服放回来。

虽然这种妖怪对人类来说危险至极，但有时也会被大人们所利用——教训小孩子的时候，大人会说：“不老实的话查奈克就来啦！”好像挺有效果的。

实际上，被查奈克带走的人因为处于催眠状态，即使被放出来也很难回家（因为距离很远）。据说要耗费很多时日才能回到家。

过一阵子，等到那个人终于恢复意识的时候（不知何时恢复意识，也不知道怎样恢复意识的），才开始记起之前的事情，那感觉就像做了一场梦。

这就像日本的“人贩子”，或是“夜道怪”。遇到它们的人虽然不会被妖怪杀死，但是在催眠期间并不知道自己遭遇了什么事情。在潘普洛纳，人们直到现在还对这个妖怪（的故事）深信不疑。

后记

后记一：中国的妖怪们①

“什么是妖怪？”这是我很关心的一个问题。

如果将日本妖怪画出来，将它们“关”在同一个平面上比较、分类，就会发现一个令人震惊的事实：很多日本妖怪都源自中国。

按照井上圆了的说法，日本妖怪中约有百分之七十源自中国。但不知何故，中国描写妖怪具体形象的书籍却十分罕见，只在古书《山海经》中有些许记载，但也只有寥寥数语，并不详实。

不过，中国流传着许多有趣的妖怪传说。想必中国的妖怪故事正是混在四书五经中，被遣唐使带回了日本。而这些妖怪便成了日本妖怪的原型。

中国历史悠久，文化源远流长，自然妖怪众多。每当看到商周时期的文物，我都忍不住惊叹：其中散发的妖怪气息竟是如此浓厚！

可以想象，那应该是一个妖怪纵横的时代。可不知是那时的人们对鬼神太过敬畏、忌讳，以至于不敢描绘它们的样子，抑或是笔者才疏学浅，总之很难一窥妖怪们的真容。

我试着画了近百只中国妖怪，其中有些尚需进一步查证资料，继续修改和完善。

读到中国有关地狱和死亡的故事，我总是由衷地佩服。而且中国人至今还保留着“烧纸钱”的风俗。由此可见，中国一定还有更

①本篇后记收录于《水木茂的中国妖怪事典》（水木茂，东京堂出版，1990）。

多有趣的妖怪。

黄帝曾问白泽世上共有多少妖怪，白泽的回答是一万只以上。看来我今后还要更加认真研究，收集上千只中国妖怪，收获更多的惊叹与感动。

后记二[①]

妖怪究竟是什么呢？我反复地自问自答。在绘制它们外形的过程中，我渐渐有些明白了。

若想“看”到妖怪，人得先进入某种境界，或是沉浸在某种感觉里。试着将这种心境、感觉画出来，也就“捕捉”到了妖怪，揭开了妖怪的一半面纱。这着实是件有趣的事情。我就这样一只接一只地捉妖，不觉竟已年过花甲。这时我又开始思考：外国妖怪是什么样呢？

经过一番查证，我明白了欧洲的妖精和日本的妖怪在本质上是相同的。我仿佛突然间喜获挚友，连忙提笔创作了这本《世界妖怪事典》。只是书中尚有许多想法不够成熟，还需仔细斟酌。

根据泰勒[②]的精灵说，

灵魂 = 附着于人类的存在。

---

①本篇后记收录于《水木茂的世界妖怪事典》（水木茂，东京堂出版，1985）。

②泰勒（Edward Burnett Tylor，1832 – 1917），英国文化人类学的奠基人、古典进化论的主要代表人物。代表作品有《原始文化》《人类学：人及其文化研究》等。

后记

亡灵 = 附着于死者的存在。

精灵 = 附着于人类以外事物的存在。

如此一看，妖怪不就是这最后一种“精灵”吗。

在欧洲，那些观察妖精、研究妖精的人被称为“妖精学者”，看来这在全世界都是共通的。

也许只有那些拥有非凡特质（可以看到常人看不到的东西）的人，才能看到妖精、妖怪。也就是说，人们通过“妖怪感知度”高的人的眼睛，可以看到那些自己看不见、但却真实存在的事物。

世界何其大，只因还有目所未及的世界……

后记三①

世界广阔无垠，妖怪数目繁多。越是交通闭塞、人迹罕至的地方，妖怪就越多。

在那种地方，妖怪自然是比人多的。所以，过去人们大多将自己的生活交由妖怪主宰，自己则心怀敬畏地活着。但是现在，这种生活方式已经很少见了。

妖怪本就是眼睛看不到的存在，所以那些早已认定“世上没有妖怪”的人是看不见它们的。

但是，就像昆虫、大气和植物一样，即便你没有看见它们，它

①本篇后记收录于《水木茂的续·世界妖怪事典》（水木茂，东京堂出版，2000）。

们也是真实存在的。

妖怪不喜欢住在高楼林立的城市，所以在城市很难见到妖怪。但那些植物茂盛、舒适宜居的村庄里多有妖怪出没。

妖怪似乎也喜欢平静悠闲的日子，所以经常在和平年代出现。战争年代或是为生计而疲于奔命的时候则很少听到妖怪的传说。

还有一个有趣的现象：只要有人在的地方就一定会有妖怪。越是宁静祥和的村庄，越能观察到妖怪的生活细节。人们口中描述的妖怪往往个性鲜明，栩栩如生。我甚至都想在村子里住下来，和妖怪们做朋友了。只可惜最近交通发达了，各地的村庄也都电气化了，妖怪的故事便也渐渐听不到了。

妖怪是看不见的，只能凭感觉去体会。妖怪最喜欢在寂静的夜晚出没。

我认为，世上的确存在着眼睛看不见的东西。只有那些对这类事物感应能力强的人才能感受到它们的存在。实在是奇妙。

参考文献

《世界大博物图鉴》荒俣宏 平凡社 1989

《中国怪奇物语》驹田信二 讲谈社 1983

《道教众神》窪德忠 平河出版社 1987

《中国小说世界》内田道夫 评论社 1971

《中国庶民文艺》泽田瑞穗 东方书店 1987

《中国咒术》泽田瑞穗 平河出版社 1985

《鬼趣谈义》泽田瑞穗 国书刊行会 1976

《中国的青鸟》中野美代子 南想社 1986

《中国的传说和故事》泽田瑞穗 研文出版社 1989

《纬书和中国的神秘思想》安井香山 平河出版社 1989

《世纪末中国的瓦版》中野美代子、武田雅哉 福武书店 1989

《地狱变——中国的冥界说》泽田瑞穗 法藏馆 1968

《中国的妖怪》中野美代子 岩波书店 1984

《中国民间众神》泽村幸夫 阁山象 1941

《山海经》中国古典文学大系 8 平凡社 1969

《吴友如画宝》（中）吴友如 上海古籍书店 1983

《东西幽灵考》藤泽卫彦 六文馆 1932

《搜神记》东洋文库 平凡社 1964

《酉阳杂俎》东洋文库 平凡社 1982

《剪灯新话》东洋文库 平凡社 1965

《北京风俗图谱》1、2 东洋文库 平凡社 1964

《唐代传奇集》1、2 东洋文库 平凡社 1963

《中国的民间信仰》泽田瑞穗 工作舍 1983

《西游记的秘密》中野美代子 福武书店 1984

《中国的神兽与恶鬼——山海经的世界》伊藤清司 东方书店 1986

《中国的神话与传说》伊藤清司 东方书店 1996

《中国少数民族的信仰和习俗 上·下》伊藤清司等译 第一书房 1993

《龙之书》朱迪·艾伦珍妮·格里弗斯 ORBIS 1979

《拉鲁斯神话百科全书》巴赫沃斯出版社 1959

《怪物世界》国书刊行会 1982

《幻兽辞典》乔治·露易斯·博尔赫斯、玛格丽塔·格列罗 晶文社 1974

《斯拉夫吸血鬼传说考》栗原成郎 河出书房新社 1980

《图说·海之怪兽》詹姆斯·B·斯威尼 大陆书房 1974

《希腊·罗马神话辞典》高津春繁 岩波书店 1960

《迷之怪物·迷之动物》吉田健一 新潮社 1973

《超常世界的挑战系列》学研 1975

《假面和恶魔》凯尼斯·麦克格温、赫曼·罗斯 校仓书房 1967

《图像博物志》平凡社 1977-1982

《神话——人类的梦境与真实》亚历山大·艾略特等 讲谈社 1981

《妖怪的世界》渡边节子 图书新闻 1981

参考文献

《世界怪奇民话》评论社 1981

《妖怪·魔神·精灵的世界》山室静等 自由国民社 1973

《动物妖怪谈》日野严 养贤堂 1925

《妖精的世界》弗罗里斯·德拉特鲁 研究社 1977

《凯尔特幻想物语集》威廉姆·巴特勒·耶茨 月刊 PEN 社 1977

《英美故事传说辞典》井上义昌 富山房 1963

《印度教的众神》立川武藏等 Serica 书房 1984

《妖精异乡》彼得·赫宁 国书刊行会 1983

《妖怪画谈集》中央美术社 1931

《世界神话辞典》阿瑟·科特莱尔 柏书房 1993

《神话传说大系》诚文堂 1934

《世界怪奇民间故事》高桥颜明等 评论社 1983

《大洋洲神话》罗斯林·皮格纳 青土社 1993

《韩国神话》金两基 青土社 1995

《霍皮·卡奇那神》克拉拉·李·泰默 雷·马来出版社

《马来西亚玛美里族的艺术与文化》罗兰·沃纳 马来亚佩内比特大学 1974

《图说·世界未确认生物事典》笠间良彦 柏书房 1996

《印度神话传说辞典》菅沼晃 东京堂出版社 1984

《动物象征事典》让 - 保罗·克莱贝鲁 大修馆书店 1989

《符号和图像词典》艾特·德·弗里斯 大修馆书店 1983、1984

《世界灵界传承事典》彼得·赫宁 柏书房 1995

《美国原住民的神话传说》理查德 · 厄多斯等 青土社 1997
《妖怪和精灵事典》罗斯玛丽 · 艾伦 · 奎丽 青土社 1993
《妖精事典》凯瑟琳 · 布里格斯 富小房 1992
《俄罗斯神话》费利克斯 · 吉兰 青土社 1988
《图说 · 德国民俗学小辞典》谷口幸男等 同学社 1985

图书在版编目(CIP)数据

妖怪大全. 中国·世界篇 / (日) 水木茂著 ; 杨建琴, 袁秀敏译. —— 海口 : 南海出版公司, 2020.1

ISBN 978-7-5442-9668-7

Ⅰ. ①妖… Ⅱ. ①水… ②杨… ③袁… Ⅲ. ①神话-研究-世界 Ⅳ. ①B932.1

中国版本图书馆CIP数据核字(2019)第197858号

著作权合同登记号 图字: 30-2019-118

妖怪大全: 中国·世界篇
〔日〕水木茂 著
杨建琴 袁秀敏 译

出　版 南海出版公司 (0898)66568511
　　　　海口市海秀中路51号星华大厦五楼 邮编 570206
发　行 新经典发行有限公司
　　　　电话(010)68423599 邮箱 editor@readinglife.com
经　销 新华书店

责任编辑 翟明明
特邀编辑 李文斌 烨 伊 孙雅甜
装帧设计 朱 琳
内文制作 杨兴艳

印　刷 山东鸿君杰文化发展有限公司
开　本 880毫米×1230毫米 1/32
印　张 19
字　数 212千 图277幅
版　次 2020年1月第1版
印　次 2020年1月第1次印刷
书　号 ISBN 978-7-5442-9668-7
定　价 118.00元